中等职业教育精品教材
财 经 商 贸 类

KUAIJI JIBEN JINENG

会计基本技能

第二版

（配练习册）

主　编◎刘树海　李　蕊
副主编◎郭佳怡　刘海朋

中国人民大学出版社
·北京·

图书在版编目（CIP）数据

会计基本技能：配练习册/刘树海，李蕊主编．--2 版．--北京：中国人民大学出版社，2022.7

中等职业教育精品教材．财经商贸类

ISBN 978-7-300-30636-0

Ⅰ.①会… Ⅱ.①刘… ②李… Ⅲ.①会计学-中等专业学校-教材 Ⅳ.①F230

中国版本图书馆 CIP 数据核字（2022）第 086741 号

中等职业教育精品教材·财经商贸类

会计基本技能（第二版）（配练习册）

主　编　刘树海　李　蕊

副主编　郭佳怡　刘海朋

Kuaiji Jiben Jineng

出版发行	中国人民大学出版社		
社　　址	北京中关村大街 31 号	邮政编码	100080
电　　话	010－62511242（总编室）		010－62511770（质管部）
	010－82501766（邮购部）		010－62514148（门市部）
	010－62515195（发行公司）		010－62515275（盗版举报）
网　　址	http://www.crup.com.cn		
经　　销	新华书店		
印　　刷	北京昌联印刷有限公司	版　　次	2014 年 5 月第 1 版
			2022 年 7 月第 2 版
规　　格	185 mm×260 mm　16 开本		
印　　张	15.25	印　　次	2022 年 7 月第 1 次印刷
字　　数	338 000	定　　价	45.00 元

前言

本书是在第一版的基础上，以习近平新时代中国特色社会主义思想为指导，全面贯彻党的教育方针，落实立德树人根本任务，根据当前职业教育会计实务，财政、金融等财经类专业学生就业岗位群的实际要求和当前的教学需求，兼顾全国部分职业院校技能大赛会计技能比赛项目的要求，为进一步深入落实“课赛”的融合修订编写而成的。

本书包括四大模块和两个附录，分为十五个项目，具体内容有会计数字书写基本技能、点钞与验钞基本技能、珠算技能、电子计算工具的应用技能。在专业学习的过程中，学生不仅要熟悉利用信息化手段处理财务工作，还应了解和掌握会计传统的业务处理技能。学习会计基本技能，可以锻炼与提高学生的手脑协调、细致耐心和逻辑思维等综合能力，为后续的专业学习奠定基础。

随着科技的发展，珠算的计算功能虽然有所弱化，但是珠算作为我国历史上的主要计算手段与传统文化的象征，曾经为我国的经济、文化、教育的发展起过重要的作用。“中国珠算”已经被联合国教科文组织列入《人类非物质文化遗产代表作名录》，让这一中华民族优秀文化遗产得到传承与发展，是每个中华儿女的应尽职责，因此，要进一步拓展珠算的教育启智功能。

为了加深理解，增强实际操作技能，我们在每一个项目后面都编写了巩固练习，使本书更能适应技能教学、岗位培训的需要，同时本书附录设置了《全国珠算技术等级鉴定》（普通级）综合试卷，以便学生练习使用。本书另外配有练习册，通过配套练习，达到增强模拟实训的目的，为学生就业或参加技能大赛打下良好的技能基础。此外，本书配有电子课件、电子教案、教学文件等教师用配套教学资源，可供使用本书的教师参考。本书既可作为职业院校会计（会计电算化）、财政、金融等财经类专业的教材，也可作为会计技能比赛项目和社会相关行业职业取证技能项目的培训教材。

本书由天津市经济贸易学校财经商贸系的四名教师共同编写完成，主编为刘树海、李蕊，副主编为郭佳怡、刘海朋。具体分工为：李蕊负责模块一，刘海朋负责模块二，刘树海负责绪论、模块三和附录，郭佳怡负责模块四。

在本书编写过程中，我们参考了部分专家学者的论著、相关教材、资料等，在此向相关作者以及给予本书编写工作支持与关心的同志致以衷心的感谢！

由于编者水平所限，本书难免存在疏漏与不足之处，在此恳请各位专家及同行批评指正。

编者

目录

绪 论

学习目标

了解会计基本技能，主要包括会计数字的书写与更正、点钞与验钞、珠算、电子计算工具的应用等；懂得熟练掌握会计基本技能的重要性。

一、会计基本技能的主要内容

（一）会计数字的书写与更正基本技能

数字的书写是财经工作者的一项基本功，对会计人员来说尤为重要。财经工作常用的数字有两种：一种是阿拉伯数字，另一种是中文大写数字。通常将用阿拉伯数字表示的金额数字简称为“小写金额”，用中文大写数字表示的金额数字简称为“大写金额”。

阿拉伯数字与中文大写数字有不同的规范化要求，会计数字的书写应规范化。

阿拉伯数字写错需要更正时，应采用正确的更正法——划线订正法。在会计账簿中纠错时，还应在规定位置加盖经手人和会计机构负责人印章，以明确责任。

中文大写金额数字，主要用于发票、支票、汇票、存单等各种重要凭证的书写，为了易于辨认、防止涂改，应一律使用正楷字体或行书字体书写。在填写发票、支票等重要凭证时，一旦书写有误，一般应另行填写新的凭证，写错的凭证随即注销作废，但不能随便丢弃，应当妥善保管。如由于其他原因不能更换写错的凭证，应采取划线订正法更正写错的中文大写金额数字。

（二）点钞与验钞基本技能

点钞技能，即票币整点技术，是财经类专业学生必须掌握的一项基本技能，也是各单位会计人员，尤其是出纳人员必须具备的一项基本功。

点钞技能有四道工序和八项基本要求，其主要内容包括两方面：一是票币整理；二是票币清点。

点钞的过程中包含验钞，验钞即人民币的真伪鉴别。验钞是在点钞的同时进行的，属于点钞技能的一个方面，因验钞内容较多，故单独作为一个项目进行介绍。

点钞方法分为手工点钞法和机器点钞法。机器点钞法比较简单，手工点钞法为重点内容。

手工点钞法是金融部门及各单位会计部门最主要的票币整点方法。手工点钞法很多，其中最常用的有手持式点钞法、手按式点钞法和扇面式点钞法等。日常生活中以手持式点钞法中的单指单张点钞法最为常见。

鉴别人民币真假的方法，主要有人工鉴别法和机器检测法。

由于伪造假币的仿真技术较高，因此人工鉴别时多采用综合鉴别的方法，最常用的方法就是一“看”、二“摸”、三“听”、四“比”。

机器检测真假人民币的方法，就是用验钞机或点钞机检测真假人民币。机器检测方法比较简单，可以用专门的多功能验钞机进行检测，也可以用具有鉴伪功能的点钞机进行检测。

当发现可疑票币，经鉴定又排除其是伪造假币时，应认真、仔细地识别可疑票币是自然磨损的，还是故意破坏的。

对于持有或发现假人民币处理的方法，以及关于假人民币的没收、收缴和鉴定等方面的问题，《中华人民共和国人民币管理条例》中有明确规定。

残缺污损人民币的兑换，包括残损人民币的挑剔、残损人民币的兑换标准和残损人民币的兑换方法等。

（三）珠算技能

珠算是以算盘为计算工具，以数学原理为基础，应用算盘的基本原理，以珠记数来计算数值的一项计算技术，是一门实用性很强又富有技术性的学科。

小知识

文化自信——珠算申遗

“遗”是指历史上遗留下来的精神财富或物质财富。

“申遗”是指世界上的国家和地区以某一地区的特殊遗产价值向联合国教科文组织世界遗产委员会申请列入《世界遗产名录》的行为。

截至 2021 年 7 月 25 日，我国世界遗产总数升至 56 项。珠算，是中国第 30 项被列为非遗的项目。2008 年，经国务院审核批准，珠算被列入第二批《中国国家级非物质文化遗产名录》。2013 年 12 月 4 日，历经 5 年申遗之路，拥有 1 800 多年历史的珠算终于通过联合国教科文组织的审议，被正式列入《人类非物质文化遗产代表名录》。联合国教科文组织介绍，珠算是中国古代的重大发明，被誉为“世界上最古老的计算机”。

珠算历史悠久，是我国劳动人民发明创造的宝贵的文化遗产。珠算作为一种优秀的计算技术与计算工具，是在与多种算具、算法的竞争中不断完善的。珠算对我国的科技开发、社会进步及经济文化发展发挥了重大作用，同时作为人类计算技能，也是世界文化遗产的组成部分。

现代珠算的学术研究和珠算事业开拓发展的实践证明，珠算不仅具有计算功能，同时还具有教育功能和启智功能，它是开发智力、进行素质教育的有效工具与简捷途径之一。

珠算的具体方法包括珠算加减法、珠算乘法、珠算除法等。

珠算加减法是珠算乘除法的基础，其运算的准确度和速度超过笔算，并且不亚于计算器，因此学习珠算必须首先学好珠算加减法。

珠算加减法包括基本加减法、简捷加减法、传票算、账表算等，目前又新增加了币值计算（票币计算）。其中基本加减法、传票算和账表算为珠算的重点内容。

珠算乘法包括乘法定位、乘法的基本运算方法等。

珠算除法包括除法定位、除法的基本运算方法等。

小知识

珠心算，即珠算式心算。珠算，是以算盘为工具，进行加、减、乘、除、开方等运算的计算方法。其运珠技巧有一定的规律及口诀，当使用者能熟练操作算盘后，除了能快速地求出正确答案外，还能将算盘的盘式、档次及算珠的浮动变化描绘到脑子里，这种“活算盘”的影像称为“虚盘”。它历经知觉、形象、记忆等过程，在大脑里完成珠算运算，即珠算式心算。

（四）电子计算工具的应用基本技能

电子计算工具的应用技能主要介绍电子计算器应用技能和计算机综合录入技能。

1. 电子计算器应用技能

电子计算器是一种进行数字运算的、多种功能的小型计算机器，具有自动化程度高、运算速度快、计算精确度高、携带方便等特点。

电子计算器一般是由显示屏、功能键、内存、运算器四部分组成。

电子计算器的种类很多，型号不一。按其功能不同可分为两大类：一类是简单型计算器；另一类是多功能型计算器。

简单型计算器功能较少，只能进行一般的加、减、乘、除四则运算；而多功能型计算器除了进行四则运算以外，还能进行三角函数、对数、复数等各种运算。我们将重点介绍运用简单型计算器进行币值计算的技能。

2. 计算机综合录入技能

计算机综合录入主要包括数字录入、英文录入、中文录入等。目前，计算机录入练习机型大多使用翰林提设备，有国赛机型 TD96BW、中端机型 ZD96BW。随着平板电脑的普及，目前较为高端的机型为翰林提平板电脑 Pad13（双核，7 寸液晶屏幕），最高端机型为移动智能学习终端 8418i（价格较高）。我们将重点介绍小键盘的数字录入与传票录入。

3. 收银机

收银机按其行业划分，有超市型收银机和餐饮型收银机。这两类收银机要通过键盘转换，才能实现各自的功能。

收银机按其功能划分，有数字收银机、汉字收银机和 POS 机三种。

因这方面知识会在“收银实务”课程中系统学习，故本书不再赘述。

二、掌握会计基本技能的重要性

会计基本技能可以应用于社会生活的各个方面，在经济建设及日常生活中都起着重要作用，具有十分重要的意义。会计基本技能的重要作用有：

（1）正确反映会计信息，可为经济决策提供准确的信息服务。

（2）准确快速地完成各种计算，可以充分发挥会计基本技能的基础作用。

（3）可以方便货币流通，维护金融秩序，促进社会主义经济建设。

（4）可以挖掘劳动潜力，提高工作效率，提升服务质量。

（5）可以增强人们的思维活动，锻炼人们的意志、品质，培养人们的创新能力与职业能力。

会计的各项基本技能都特别强调眼、脑、手三者的协调并用，可以训练人敏锐的目光扫视、灵活的手指动作、高强的记忆能力和协调配合能力、准确快速的运算能力等，从而促进人的思维发展，锻炼人的意志、品质，培养人的注意力、观察力、分析力、判断力，从而提高人的创新能力与实践能力。

小结

绪论概括介绍了会计基本技能包括的几个主要方面，包括会计数字的书写与更正、点钞与验钞、珠算、电子计算工具的应用等。学生应能懂得熟练掌握会计基本技能的重要性，为将来走上会计工作岗位奠定良好的基础。

巩固练习

1. 会计基本技能主要包括哪几项？
2. 会计基本技能有哪些重要作用？

模块一　会计数字书写基本技能

模块导入

会计数字的书写技能是财经工作者的一项基本技能，如果在实际工作中数字书写有误，就会给经济工作造成很大的损失。所以，熟练掌握会计数字的书写技能，对会计人员来说尤为重要。

学习目标

了解会计数字规范书写的重要性与必要性；掌握阿拉伯数字、中文大写数字的规范书写方法与更正方法；熟练掌握大、小写金额的书写技能、技巧与错误更正方法。

素质要求

工作态度认真、严谨是将来做好会计工作的前提。在学习好会计基本理论知识，掌握必需的基本技能的条件下，一丝不苟、精益求精会使会计工作做得更出色。

阿拉伯数字与中文大写数字有不同的规范化要求，会计数字的书写应规范化。对会计数字书写的基本要求是正确、规范、美观、熟练、清晰、整洁。

1. 正确：指对所发生的经济业务的记录，一定要正确反映其内容，反映其全过程及结果，反映其全貌，所用文字与数字一定要书写正确。

2. 规范：指对有关经济活动的书写记录一定要符合财会法规和会计制度的各项规定，符合对财会人员的要求。无论是记账、核算、分析还是编制报表，都要书写规范、数字准确、文字适当、分析有理，要严格按书写格式书写。文字要以国务院公布的简化汉字为标准，不要滥造简化字，不要滥用繁体字。数字要按规范要求书写。

3. 美观：指字体的间架结构合理，字体漂亮大方，显示个人功底。

4. 熟练：指字体书写娴熟、快速，字迹流畅。

5. 清晰：指账目条理清晰，书写时字迹清楚，举笔坚定，无模糊不清的现象。

6. 整洁：指账面清洁，横排、竖排整齐分明，不杂乱。书写工整、不潦草，无大小不均、参差不齐及涂改现象。

项目一　阿拉伯数字的书写技能

一、阿拉伯数字的规范书写方法及要求

（1）要使用手写体，但不能写成美术字。

（2）向右倾斜 60 度左右。

（3）数字的高度最多占到分位格的下半格，或可再低一些。

二、书写阿拉伯数字时的注意事项

（1）注意“6”“7”“9”三个数字上下出头多少的要求，要高于或低于上半格或下半格的 1/4 或 1/3。

（2）注意“0”的写法，不能将“0”写得太小，以防止将“0”改为“6”“8”“9”三个数字。

（3）注意“4”的顶部不封口，竖应写成斜度 60 度左右。

（4）注意“8”的上边应写得稍小些，下边稍大些，起笔应写成斜“S”形，终笔与起笔交接处应成棱角，以防止将“3”改成“8”。

（5）注意“1”与“7”、“4”与“9”、“2”与“7”、“5”与“8”、“3”与“8”的写法及区别。

（6）数字书写的笔顺应自上而下、从左到右，一个一个地认真书写，不可回笔，数字之间不能连笔写。

（7）从最高位起，后边各分位格的数字必须写完整。如壹万陆仟捌佰元整，应写成：16,800.00（十位与个位及角分位都不能空，应写“0”）。

十	万	千	百	十	元	角	分
	1	6	8	0	0	0	0

三、阿拉伯数字书写的有关规定

（1）书写阿拉伯数字时，应将数字与位数结合在一起书写。书写顺序是由高位到低位，从左到右依次写出各位数字。

（2）四位及四位以上的整数，书写时应采用三位分节制，用分节号“,”进行分节。

例：6,700、89,000、16,875、28,439、5,006.37、7,526

一般账表、凭证、票据的金额栏内印有分位格，元位前每三位之间印有一粗线代表分节号，元位与角位之间的粗线则代表小数点，所以记数时不需要再另加分节号“,”。

（3）读数时要求只读数字，不读出数位名。例如，16,875 只读成“一六八七五”，而不读成“一万六千八百七十五”。

（4）关于人民币符号“¥”的使用：

1）“¥”来源于人民币基本单位“元”的汉语拼音“yuan”的缩写，“¥”既代表人民币的币制，又表示人民币“元”的单位。所以小写金额前填写了“¥”以后，金额数字之后就不必再写人民币的单位“元”了。例如¥6,718.06，即人民币陆仟柒佰壹拾捌元零陆分。

2）书写小写金额数字时应注意：在人民币符号“¥”与首位数字之间不得留有空位，以防金额数字被人涂改。如¥6,718.06 不能写成¥　6,718.06。

3）书写人民币符号“¥”时不得连写，以免分辨不清，尤其是草写时，要注意“¥”应与阿拉伯数字有明显的区别，特别应注意不要与阿拉伯数字的 7 或 9 混淆。

4）人民币符号“¥”主要应用于填写票证（发票、支票、存单等），在登记账簿、编制报表时，一般不能使用“¥”符号。因为在账簿或报表上使用“¥”符号，反而会增加错误的可能性。

（5）关于小写金额角、分的写法：所有以元为单位的小写金额数字（阿拉伯数字），除表示单价等情况外，一律写到角、分。

1）到元为止无角、分的金额数字，角位和分位可写“00”或用符号“—”表示。如人民币柒拾陆元整，应写成“¥76.00”，也可写成“¥76.—”。

2）有角无分的金额数字，分位应写“0”，而不能用符号“—”代替。如人民币壹佰贰拾捌元伍角整，应写成“¥128.50”，而不能写成“¥128.5—”。

在有金额分位格的账表凭证上，阿拉伯数字的书写，结合记账规则的需要，有特定的书写方法与要求。

小知识

阿拉伯数字的由来

阿拉伯数字的发明人是印度人，是在公元 8 世纪时由印度传入阿拉伯国家，又经阿拉伯国家传入欧洲。后来，欧洲人称这种数字为阿拉伯数字。

四、阿拉伯数字写错后的更正方法

阿拉伯数字写错需要更正时，应采用正确的更正法——划线订正法。在会计账簿中纠错时，还应在规定位置加盖经手人和会计机构负责人印章，以明确责任。

举例：

1,239	5,678	3,000
~~1,234~~	~~6,578~~	~~30,000~~

不合规定的更正方法

（1）涂改					2	3	4	6 ~~5~~
（2）只改错数					7	9 ~~5~~	2	6
（3）更正位置不对、未全划线	5	8		~~6~~	~~2~~	0	0	0

符合规定的更正方法

				2 ~~2~~	3 ~~3~~	4 ~~4~~	6 ~~5~~
				7 ~~7~~	9 ~~5~~	2 ~~2~~	6 ~~6~~
			5 ~~6~~	8 ~~2~~	0 ~~0~~	0 ~~0~~	0 ~~0~~

项目小结

本项目介绍了阿拉伯数字的规范书写方法及要求、注意事项等有关规定，以及写错后的更正方法，为学生将来走上会计工作岗位奠定良好的基础。

巩固练习

1. 如何进行阿拉伯数字书写错误的更正？
2. 人民币符号“¥”的含义是什么？如何使用？
3. 采用三位分节制写出以下小写金额数字：

（1）人民币壹仟捌佰叁拾贰元整：

（2）人民币贰万叁仟零玖拾陆元整：

（3）人民币叁拾玖万陆仟叁佰壹拾伍元肆角整：

（4）人民币壹佰陆拾捌万伍仟叁佰零贰元柒角壹分：

（5）人民币伍仟陆佰叁拾肆万捌仟柒佰陆拾贰元零叁分：

（6）人民币壹万叁仟零玖拾捌元零伍分：

（7）人民币壹拾柒元陆角叁分：

（8）人民币陆拾万捌仟玖佰壹拾壹元叁角伍分：

（9）人民币壹拾陆万玖仟伍佰叁拾陆元贰角柒分：

（10）人民币陆佰叁拾伍万柒仟陆佰贰拾叁元陆角捌分：

项目二　中文大写数字及大写金额的书写技能

一、中文大写数字的书写

中文大写数字，主要用于发票、支票、汇票、存单等各种凭证的书写，为了易于辨认、防止涂改，应一律使用正楷字体或行书字体书写。

正楷字体为：壹、贰、叁、肆、伍、陆、柒、捌、玖、拾、佰、仟、万、亿、圆（元）、角、分、零、整（正）等字样。

行书字体为：壹、贰、叁、肆、伍、陆、柒、捌、玖、拾、佰、仟、万、亿、圆（元）、角、分、零、整（正）等字样。

“壹”也可写成“壹”，“陆”也可写成“陸”，“万”也可写成“萬”，“亿”也可写成“億”。

不得用中文小写的一、二（两）、三、四、五、六、七、八、九、十或廿、块、毛、另（或0）、园等字样代替，也不得任意自造简化字。

二、大写金额的书写方法及要求

（一）到“元”或“角”为止的整数应以整（正）字结尾

中文大写金额到“元”或“角”为止的，应在“元”或“角”后面写上“整”字；大写金额数字到“分”的，“分”字后面不写“整”字。由于“整”字笔画较多，在书写时常常将“整”字写成“正”字。在中文大写金额的书写方面，这两个字的作用是一样的。如“￥1,234.00”，大写金额应写成“人民币壹仟贰佰叁拾肆元整”；“￥1,234.60”，大写金额应写成“人民币壹仟贰佰叁拾肆元陆角整”。

（二）有关“零”的写法

凡是小写金额数字中有“0”的地方都要对应写一个汉字“零”，但若连续有多个“0”，则只写一个汉字“零”。

一般在填写重要凭证或票据时，为了增强金额数字的准确性和可靠性，需要同时书写小写金额和大写金额，且二者必须一致。当小写金额数字中有“0”时，大写金额的书写要看“0”所在的位置。

（1）对于小写金额数字尾部的“0”，不管有一个还是连续有几个，大写金额到非零数位后，用一个“整（正）”字结束，都不需用“零”来表示。如“￥6.80”，大写金额应写成“人民币陆元捌角整”；又如“￥300.00”，应写成“人民币叁佰元整”。

（2）对于小写金额数字中间有“0”的，大写金额应按照汉语语言规律、金额数字构成和防止涂改的要求进行书写。举例说明如下：

1）小写金额数字中间只有一个“0”的，大写金额要写“零”字。如“￥307.08”，大写金额应写成“人民币叁佰零柒元零捌分”。

2）小写金额数字中间连续有几个“0”时，大写金额可以只写一个“零”字。如“￥5,008.46”，大写金额应写成“人民币伍仟零捌元肆角陆分”；“￥40,008.59”，大写金额应写成“人民币肆万零捌元伍角玖分”。

3）小写金额数字元位是“0”，或者数字中间连续有几个“0”，元位也是“0”，但角位不是“0”时，大写金额中可以只写一个“零”，也可以不写“零”。如“￥3,580.60”，大写金额应写成“人民币叁仟伍佰捌拾元陆角整”，或者写成“人民币叁仟伍佰捌拾元零陆角整”；又如“￥980,000.64”，大写金额应写成“人民币玖拾捌万元陆角肆分”，或者写成“人民币玖拾捌万元零陆角肆分”，同时也不能不写人民币的单位“元”字，即不能写成“人民币玖拾捌万零陆角肆分”。

4）小写金额数字角位是“0”而分位不是“0”时，大写金额“元”字后必须写“零”

字。如“¥528.06”，大写金额应写成“人民币伍佰贰拾捌元零陆分”，而不能写成“人民币伍佰贰拾捌元陆分”。

（三）数位字前必须要有数目字

（1）数目字（数量字）：壹、贰、叁、肆、伍、陆、柒、捌、玖。数目字表示数量。

（2）数位字：拾、佰、仟、万、亿。数位字是表示数位的字，也叫数位名。

书写大写金额时，“拾”“佰”“仟”“万”“亿”等数位字前必须冠有数量字“壹”“贰”“叁”等，不可省略。特别是壹拾几的“壹”字，由于人们习惯把“壹拾几元”“壹拾几万”说成“拾几元”“拾几万”，所以在书写大写金额时很容易将“壹”字漏掉。“拾”字仅代表数位，不代表数量，前面不加“壹”字既不符合书写要求，又容易被改成“贰拾几”“叁拾几”“肆拾几”等。

如：“¥15.00”，大写金额应写成“人民币壹拾伍元整”，而不能写成“人民币拾伍元整”，更不能写成“人民币　拾伍元整”。

又如：“¥180,000.00”，大写金额应写成“人民币壹拾捌万元整”，而不能写成“人民币拾捌万元整”，更不能写成“人民币　拾捌万元整”。如果书写不规范，“人民币”与金额数字之间留有空位，就很容易被改成“人民币贰（叁、肆、伍、陆、柒、捌、玖）拾捌万元整”等，会给不法分子以可乘之机，给单位或个人造成财产损失。

再如：“¥168,000.00”，大写金额应写成“人民币壹拾陆万捌仟元整”，而不能写成“人民币拾陆万捌仟元整”，更不能写成“人民币　拾陆万捌仟元整”。

（四）“人民币”后面与金额数字之间不得留有空位，以防他人添字、篡改

如“¥168,000.00”，大写金额应写成“人民币壹拾陆万捌仟元整”，不能写成“人民币　壹拾陆万捌仟元整”，也不能写成“人民币　拾陆万捌仟元整”。

（五）小写金额只有角分的，大写金额应写为“人民币几角几分”

如“¥0.64”，大写金额应写成“人民币陆角肆分”，不能写成“人民币零点陆肆元”或“人民币零点陆肆”。

三、大写金额数字的错误更正方法

中文大写金额数字通常是在填写发票、支票等重要凭证时使用，一旦书写有误，一般应另行填写新的凭证，写错的凭证随即注销作废，但不能随便丢弃，应当妥善保管。如因其他原因不能更换写错的凭证，应采用划线订正法更正写错的中文大写金额数字，具体要求与阿拉伯数字的划线订正法相同。

四、审查结算凭证的注意事项

中文大写金额数字，主要用于日常经济业务中填写凭证，尤其是向开户单位提交的各种结算凭证，是明确经济责任的书面证明。财政部、中国人民银行总行和中国文字改革委员会，早在1963年就联合下文规定了会计凭证的填写方法，1984年财政部又在《会计人员工作规划》中再次予以明确。同时，中国人民银行多次做了部署和指示，银行在审查各种结算凭证时，在大小写金额数字方面，除中国人民银行总行已有的明确规定外，还应该注意以下几方面：

（1）填写中文大写金额数字时，不得自造简化字。有的单位在书写时使用繁体字（如

萬、億、陸）的，也可以受理。

（2）中文大写金额数字到“角”为止，如果在“角”字后面没有写“整”字，也可以受理。

（3）中文大写金额数字有“分”位的，“分”字后面多写了个“整”字，也可以通融受理。

（4）关于“零”的写法。阿拉伯金额数字连续有几个“0”时，可以只写一个“零”字。如“¥6,005.30”，中文大写金额应写成“人民币陆仟零伍元叁角整”，有的写成“人民币陆仟零零伍元叁角整”也可以受理。

（5）各单位在银行结算凭证的大写金额栏内，不得预先印上固定的“仟、佰、拾、万、仟、佰、拾、元、角、分”等字样。

小知识

中文大写数字的由来

明朝洪武十八年（1385年），发生了一起重大的贪污案件——“秋粮案”，即户部侍郎郭恒及其同伙通过涂改会计凭证上的数字“一、二、三、四、五、六、七、八、九、十、百、千”的手段，大肆侵吞、贪污国家钱粮，累计贪污达2 400万石精粮，差不多相当于当时全国秋粮实征数量。此案经审理后，从朝廷六部侍郎到地方大小官员、豪绅，数万人被斩首示众。“秋粮案”使朱元璋大为震惊，于是下令对全国财务管理系统采取一系列行之有效的改革措施，其中最重要的做法就是将记载钱粮的数字“一、二、三、四、五、六、七、八、九、十、百、千”分别改为大写汉字“壹、贰、叁、肆、伍、陆、柒、捌、玖、拾、陌、阡”。在此后的实际应用中，逐渐用“佰、仟”代替了“陌、阡”二字。此法的实行，堵住了财务管理上的一些漏洞。到了近代，阿拉伯数字引入我国，与中文大写数字相配合，形成了完整的记账数字体系，一直沿用至今。

五、我国的数位排列表

书写数字时，每一个数字都要占据一个位置，而每一个位置又表示不同的单位。

数字所在位置表示的单位称为“数位”。数位按照个、十、百、千、万……的顺序，由小到大、从右向左排列，但写数与读数的习惯顺序却是由大到小、从左向右的。

我国的数位排列见表1-1。

表1-1　数位排列表

数位	万万万位	千万万位	百万万位	十万万位	万万位	千万位	百万位	十万位	万位	千位	百位	十位	个位	十分位	百分位	千分位	万分位	十万分位	百十分位
读法	兆	千亿	百亿	十亿	亿	千万	百万	十万	万	千	百	十	个	分	厘	毫	丝	忽	微

阿拉伯数字在书写时是与数位结合在一起的。书写的顺序是由高位到低位、从左到右依次写出各位数字。例如，壹仟贰佰叁拾肆，应写为1234。严格来讲，应采用国际通用的“三位分节制”，写为“1,234”。但小数部分不分节，如123,456.78965，小数部分为

“78965”，不能在这五个数字之间加分节号“,”，即123,456.78965不能写成123,456.789,65或123,456.78,965。

如果某一数位没有量，则用一个“0”来表示；如果是整数，则比它小的数位均需用“0”来表示。例如，捌仟柒佰零陆应写为8,706，叁万应写为30,000。

小知识

记数位的口诀

个十百千万，三位分一段（一节），

一段前千位，二段前百万，

三段前十亿，好读又好记。

数字三位分一组，从左到右读写数，

每位只需读数字，切忌读出数位名。

例如：“1,234”读成“壹贰叁肆”，不读成“壹仟贰佰叁拾肆”，“仟、佰、拾”等数位名均不读出来。

六、学中练

（一）实际登账练习

现 金 日 记 账

年		凭证		摘要	对方科目	类页	借方											贷方											借或贷	余额										
月	日	类别	号数				亿	千	百	十	万	千	百	十	元	角	分	亿	千	百	十	万	千	百	十	元	角	分		亿	千	百	十	万	千	百	十	元	角	分

银 行 存 款 日 记 账

年		凭证号	摘要	对方科目	现金支票号码	转账支票号码	借方											贷方											借或贷	余额										
月	日						亿	千	百	十	万	千	百	十	元	角	分	亿	千	百	十	万	千	百	十	元	角	分		亿	千	百	十	万	千	百	十	元	角	分

总 分 类 账

年		凭证号数	摘要	对方科目编号	借方											贷方											借或贷	余额										
月	日				亿	千	百	十	万	千	百	十	元	角	分	亿	千	百	十	万	千	百	十	元	角	分		亿	千	百	十	万	千	百	十	元	角	分

编号：______
名称：______
材质：______
规格：______
页数：______

______

库：______
区：______
架：______　　最高存量：______
层：______ 位：______　　最低存量：______ 贮备天数：______ 计量单位：______

年		凭证		摘要	收入（借方）												√	付出（贷方）												√	余额											
月	日	类	号		数量	单价	金额											数量	单价	金额											数量	单价	金额									
							千	百	十	万	千	百	十	元	角	分				千	百	十	万	千	百	十	元	角	分				千	百	十	万	千	百	十	元	角	分

科目名称

实习专用

总第　　页　分第　　页

户名或编号：

年		记账凭证		摘要	对应科目	借方													√	贷方													√	借或贷	借方												
月	日	类别	号数			百	十	亿	千	百	十	万	千	百	十	元	角	分		百	十	亿	千	百	十	万	千	百	十	元	角	分			百	十	亿	千	百	十	万	千	百	十	元	角	分

收款凭证

借方科目：____________ 年 月 日 字第 号

摘　　要	贷方总账科目	明细科目	借或贷	金　额										记账符号
				千	百	十	万	千	百	十	元	角	分	
合　　计														

附单据　张

会计主管　　记账　　出纳　　审核　　制单

付款凭证

出纳编号____________

贷方科目：　　年　月　日　　制单编号____________

对方单位（或领款人）	摘　　要	借　方		金　额											记账符号
		总账科目	明细科目	亿	千	百	十	万	千	百	十	元	角	分	
		合计金额													

附凭证　张

会计主管　　记账　　出纳　　审核　　制单　　领款人签章

记账凭证

总号____________

年　月　日　　分号____________

摘　　要	总账科目	明细科目	借方金额										贷方金额										记账符号
			千	百	十	万	千	百	十	元	角	分	千	百	十	万	千	百	十	元	角	分	
合　　计																							

附凭证　张

会计主管　　记账　　稽核　　制单

转账凭证

年　月　日　　　　转字第　号

摘要	总账科目	明细科目	√	借方金额										贷方金额									
				千	百	十	万	千	百	十	元	角	分	千	百	十	万	千	百	十	元	角	分
合　计																							

附单据　张

会计主管　　记账　　出纳　　审核　　制单

（二）实际填写发票、支票

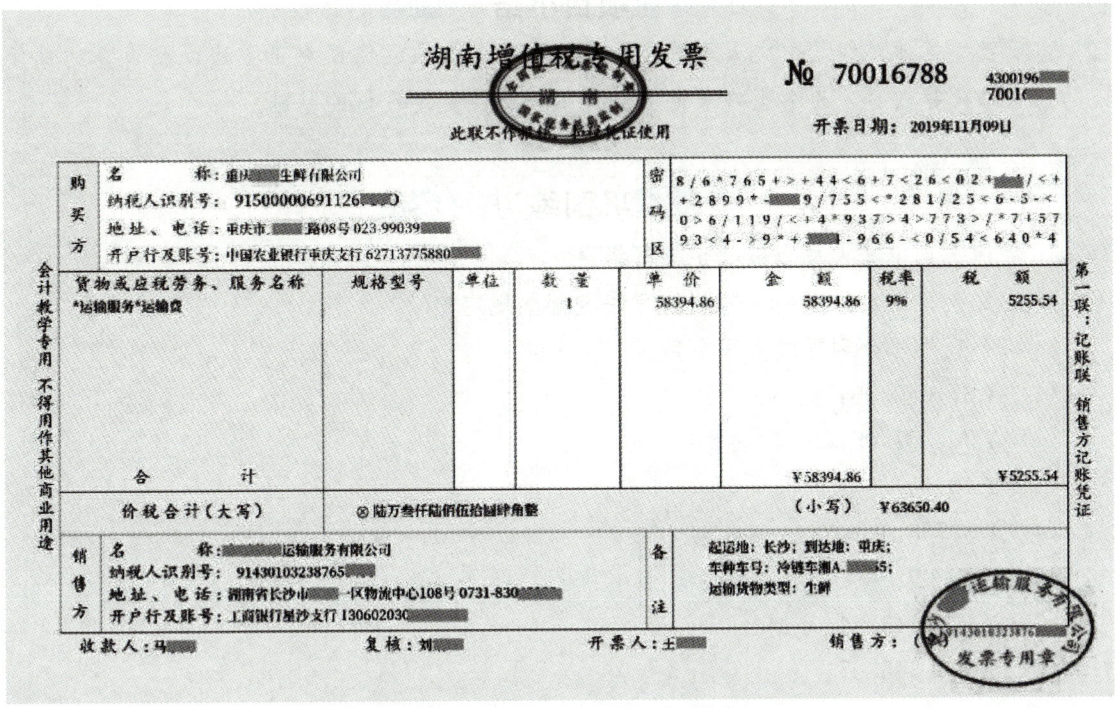

湖南增值税专用发票

此联不作报销、扣税凭证使用

№ 70016788　4300196[redacted] 70016[redacted]

开票日期：2019年11月09日

购买方	名　称：重庆[redacted]生鲜有限公司 纳税人识别号：91500000691126[redacted] 地址、电话：重庆市[redacted]路08号 023-99039[redacted] 开户行及账号：中国农业银行重庆支行 62713775880[redacted]			密码区	8/6*765+>+44<6+7<26<02+[redacted]/<+ +2899*-[redacted]9/755<*281/25<6-5-< 0>6/119/<+4*937>4>773>/*7+57 93<4->9*+[redacted]-966-<0/54<640*4		
货物或应税劳务、服务名称	规格型号	单位	数量	单价	金额	税率	税额
*运输服务*运输费			1	58394.86	58394.86	9%	5255.54
合　计					¥58394.86		¥5255.54
价税合计（大写）	⊗陆万叁仟陆佰伍拾圆肆角整				（小写）¥63650.40		
销售方	名　称：[redacted]运输服务有限公司 纳税人识别号：91430103238765[redacted] 地址、电话：湖南省长沙市[redacted]区物流中心108号 0731-830[redacted] 开户行及账号：工商银行星沙支行 13060203[redacted]			备注	起运地：长沙；到达地：重庆； 车种车号：冷链车湘A.[redacted]5； 运输货物类型：生鲜		

收款人：马[redacted]　　复核：刘[redacted]　　开票人：王[redacted]　　销售方：（章）

会计教学专用 不得用作其他商业用途

第一联：记账联 销售方记账凭证

付 款 凭 证

贷方科目：库存现金　　　　2021年6月8日　　　　现付字第 9 号

摘要	借方总账科目	明细科目	记账符号	金额									
				千	百	十	万	千	百	十	元	角	分
张成借差旅费	其他应收款	张成							6	0	0	0	0
合　计								¥	6	0	0	0	0

附单据1张

会计主管　　记账　　出纳　　审核　　制单 李利

项目小结

本项目概括地介绍了中文大写数字的书写方法与要求、错误更正方法以及审查结算凭证的注意事项等内容，为学生将来走上会计工作岗位奠定良好的基础。

巩固练习

1. 如何更正中文大写金额数字书写错误？

2. 中文大写金额中有关“零”的写法有哪些规定？

3. 将下列小写金额写成大写金额：

（1）¥87,650.00：

（2）¥90,301.06：

（3）¥40,007.00：

（4）¥3,768,421.02：

（5）¥16.09：

（6）¥176,543.24：

（7）¥106,845.07：

（8）¥56,870.30：

（9）¥2,624,307.85：

（10）¥2.86：

（11）￥0.26：

（12）￥1.27：

4. 请使用正确的更正方法更正下列数字，并填上中文大写数字。

（1）正确数字应是：7,456.38

（2）正确数字应是：256,000.89

（3）正确数字应是：827,567.01

（4）正确数字应是：20,200.20

（5）正确数字应是：1,892,475.67

（1）（大写）							7	5	4	6	8
（2）（大写）				5	6	2	0	0	0	8	9
（3）（大写）				8	2	4	5	6	7	0	1
（4）（大写）					2	0	0	2	0	0	2
（5）（大写）			1	8	9	2	4	7	5	7	6

5. 书写练习：每天坚持书写阿拉伯数字和中文大写数字。

中等职业学校财经专业常用数码字练习页

年级____________ 姓名____________ 限时　　　分钟

亿	千	百	十	万	千	百	十	元	角	分	亿	千	百	十	万	千	百	十	元	角	分	亿	千	百	十	万	千	百	十	元	角	分	亿	千	百	十	万	千	百	十	元	角	分	亿	千	百	十	万	千	百	十	元	角	分	亿	千	百	十	万	千	百	十	元	角	分

亿	万	仟	佰	拾	玖	捌	柒	陆	伍	肆	叁	贰	壹	零	整	款	亿	万	仟	佰	拾	玖	捌	柒	陆	伍	肆	叁	贰	壹	零	整	款
元											角											分											

模块二　点钞与验钞基本技能

模块导入

点钞技能是会计人员的一项最基本的技能，对出纳工作来讲则更为重要。点钞的过程中包含验钞，验钞即人民币的真伪鉴别。在实际生活或工作中，验钞是在点钞的同时进行的，属于点钞技术的一个方面。

学习目标

了解常用的几种点钞的基本方法，熟练掌握手持式单指单张点钞方法，练好基本功；掌握点钞的基本环节与基本要领；了解验钞的基本方法，能利用人工方法与机器检测两种方法来检测人民币的真伪；了解第五套人民币的基本知识，重点掌握2005年版、2015年版、2019年版第五套人民币公众防伪特征；掌握真假人民币识别的基本技能、技巧，以及发现假币的处理方法等。

素质要求

点钞与验钞是会计人员的一项最基本的技能，在会计工作岗位或是在日常生活中都离不开收款、付款，而在收款、付款过程中都必须进行票币的整理、清点、扎把及识别假币等，这就需要我们必须练好点钞的基本功，掌握点钞的基本技能、技巧，掌握验钞的基本方法。

项目一　点钞技能

一、点钞的基本知识

点钞又称票币整点，是指对人民币或其他货币所进行的整点技术，包括对纸币和硬币的整点技术。点钞是学习财会、金融与商贸类等专业的学生应该掌握的一项专业技术，是从事财会、金融和商品经营等工作必须具备的基本技能之一。

点钞可分为手工点钞与机器点钞两种。在手工点钞中，根据点钞方法的不同可分为手持式点钞、手按式点钞、扇面式点钞等方法；根据每次所点张数及所用手指多少的不同，又可分为单指单张点钞、单指多张点钞、多指多张点钞等。

二、手工点钞的基本程序与要求

（一）手工点钞的基本程序

1. 拆把与持钞

把待点的成把钞票的扎把条（腰条）拆掉，按不同点钞方法的要求将钞票拿在手中，同时做好点数的准备。

2. 点数

左手持钞，右手点钞，眼睛紧盯捻动的钞票，同时脑中记数。手、脑、眼三者协调配合，将钞票清点准确（一般应点准 100 张钞票）。

3. 扎把

把点准的 100 张（或不足 100 张）钞票墩齐，并用扎把条捆扎牢固。不足 100 张的，在扎把条上写出实点数和金额。

4. 盖章

在扎好的扎把条上加盖经办人名章，以明确责任。

（二）手工点钞的基本要求

在人民币的收付和整点中，要把混乱不齐、折损不一的钞票进行整理，使之整齐、美观。

票币整理的具体要求是：平铺整齐，边角无折；同券一起，不能混淆；券面同向，不能颠倒；验查真伪，去伪存真；剔除残币，完残分放；百张一把，十把一捆；扎把捆捆，经办盖章；清点结账，复核入库。

为了“准”“快”“好”地达到上述要求，点钞时应做到以下几点。

1. 坐姿端正

点钞人员的坐姿为身正、腰直、挺胸，双脚平放于地面，全身自然放松，双肘自然平放于桌上。点钞时左手持钞，手腕部自然接触桌面，右手腕部稍微抬起。正确的坐姿可使人活动自如、动作协调，有利于提高点钞速度与整点质量；而不正确的坐姿会使人活动受限、动作僵硬，影响点钞的速度与质量。

2. 用具定位

点钞用具应定位放置，即需用的钞券（票币）、海绵缸、扎把条、印台、图章、算盘、计算器及其他点钞用具均应根据自己日常的工作习惯，按固定位置摆放好，以使点钞时使用方便、得心应手。钞票应按不同券别和残好程度分类放好，以避免拿错，从而提高工作效率。

3. 开扇均匀

无论使用任何点钞方法，点钞人员都应将票币打开成微扇形或坡形，以便于捻动并可防止夹张，可提高点钞的速度与准确性。

4. 点数准确

清点与记数准确是点钞的基本要求。点数时务必全神贯注，定型操作，手点脑记紧密配合。

5. 钞票墩齐

清点后的票币必须墩齐（四边水平、不露头、券角拉平），以便扎把。

6. 捆扎合格

将清点完的每 100 张票币扎为一把，每 10 把捆为一捆。扎把松紧要求，以提起把中第一张票币不被抽出为准；捆捆要求，按“#”字形捆扎的大捆，以用力推不变形、抽不出小把为准。

7. 盖章清晰

扎把条上的名章是分清责任的标志，票币整点扎把后都要盖章，图章要清晰可辨。

8. 动作连贯

即点钞人员将拆把、清点、墩齐、扎把、盖章等环节紧密配合，环环相扣。清点时双手动作要协调，清点速度要均匀，要减少不必要的小动作。如：点钞时左手取款拆小把，右手蘸水；整点中轻点快弹，右手捻钞票，左手向前送钞；点完墩齐 100 张钞票的同时，眼睛注视扎把条并用右手马上拿取，随即将左手的钞票跟上，扎好小把；在右手放钞票的同时，左手去取另一把钞票。以此类推，连续完成。

三、手工点钞的方法与技巧

（一）手持式单指单张点钞法

这是一种最基本、最常用的点钞方法，它的适用范围比较广泛，可用于收付款的初点、复点和整点各种新、旧面额的钞票。采用这种方法，由于是逐张捻动，易于识别真假票币，便于挑剔残损钞票币。但使用这种方法点一张计一张，劳动强度比较大。具体操作可分为以下几个环节。

1. 拆把与持钞

身体坐直，全身自然放松。左手横执钞票，钞票正面朝向身体，拇指、无名指和小指在钞票正面，食指和中指放在钞票背面，将钞票左端夹在中指、无名指之间，且尽量靠近手指根部；拇指扶在钞票上部内侧边沿处，食指伸开，其他手指自然弯曲，左手腕向内弯扣，同时食指向前伸，将扎钞纸条勾断，右手拇指、食指、中指蘸水做点钞准备。如图 2-1、图 2-2 所示。

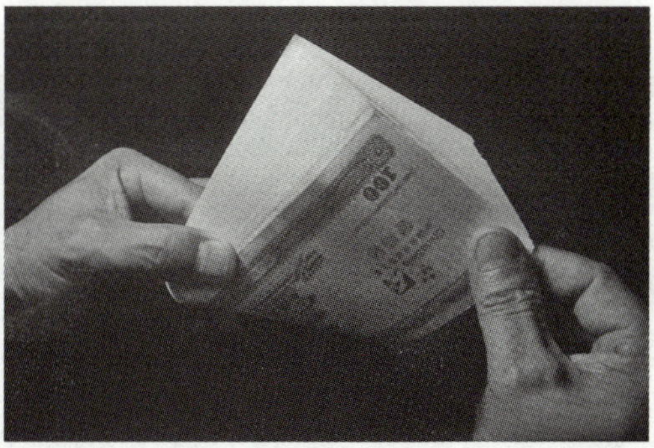

图 2-1

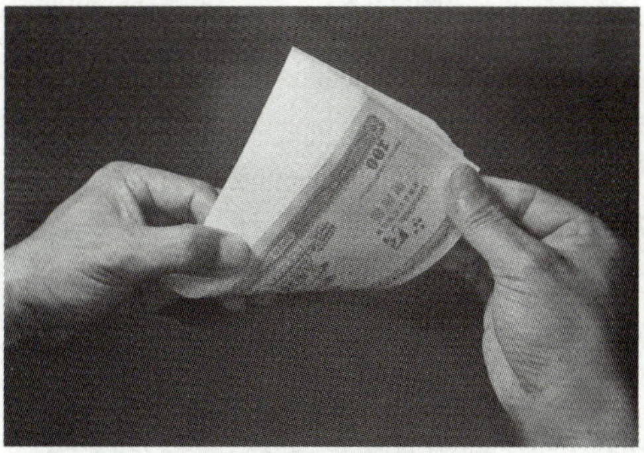

图 2-2

2. 清点

左手持钞并形成微扇形后，右手食指托住钞票背面右上角，用拇指尖逐张向右下方捻动钞票右上角，捻动幅度要小，拇指不要离开票面，要轻捻，右手食指在钞票背面的右端配合拇指捻动，左手拇指拢住钞票中间靠下的部位不要太紧，要配合右手起到自然助推的作用；右手的无名指将捻下的钞票向怀里弹，要注意清点快弹。如图 2-3、图 2-4 所示。

图 2-3

图 2-4

3. 记数

记数与清点同时进行，记数应采用分组记数法。把 10 记作 1，如：1、2、3、4、5、6、7、8、9、1（即 10）；1、2、3、4、5、6、7、8、9、2（即 20）……以此类推，数到 1、2、3、4、5、6、7、8、9、10（即 100）。采用分组记数法既简单又快捷，要求记数时要默记，不要念出声，做到脑、眼、手密切配合，既准又快。

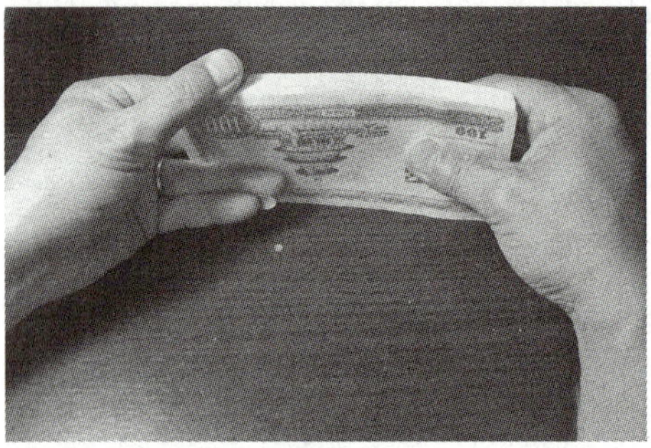

图 2-5

4. 墩齐

墩齐的要求同上述手工点钞基本要求，如图 2-5 所示。

5. 扎把

扎把的方法详见后面的介绍。

6. 盖章

票币整点扎把后都要盖章，即在扎把条（腰条）上盖上名章，以分清责任，要求图章应清晰可辨。如图 2-6、图 2-7 所示。

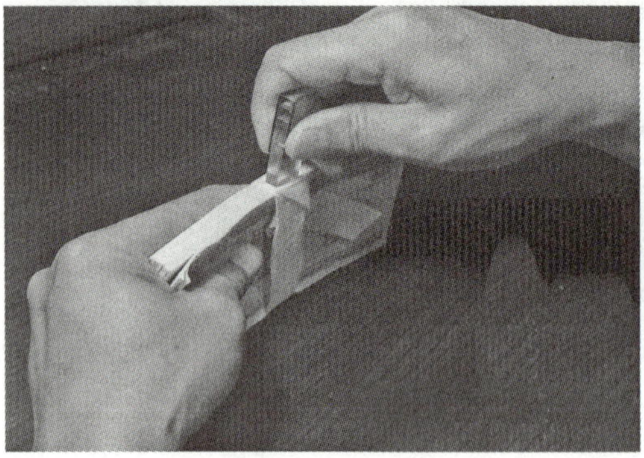

图 2-6

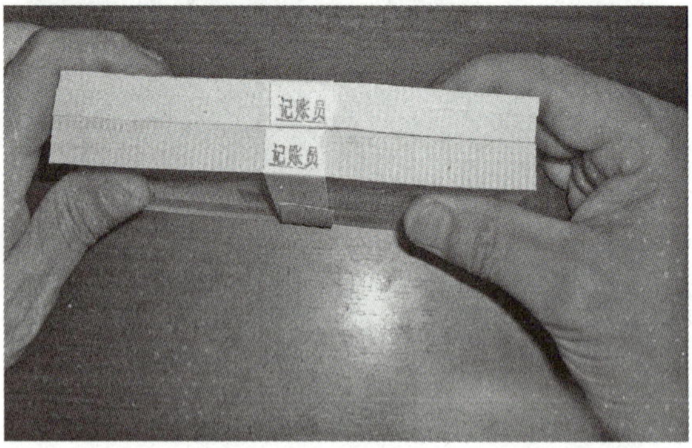

图 2-7

7. 挑残损票

如果是在现实生活中清点真币，还应有此环节，将残损的票币挑出来。

（二）手持式多指多张点钞法

这种方法主要有四指四张点钞法、五指五张点钞法。我们重点学习四指四张点钞法。

手持式四指四张点钞法也叫“四指拨动点钞法”，它适用于收款、付款与整点工作，不仅省力、省脑，而且效率高，能逐张识别假票并挑出残损票。

手持式四指四张点钞法的具体操作方法如下所述。

1. 持钞

身体坐直，全身自然放松。左手持钞，中指在前，食指、无名指和小指在后，将钞票夹紧，四指同时弯曲将钞票轻压成瓦形（“n”形），拇指在钞票的右上角外面，将钞票推成小扇面，然后手腕向里转，使钞票的右里角抬起，右手五指准备清点。如图 2-8、图 2-9、图 2-10、图 2-11 所示。

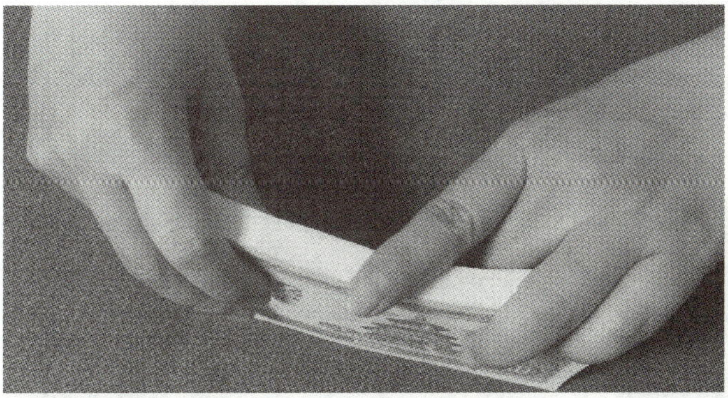

图 2-8

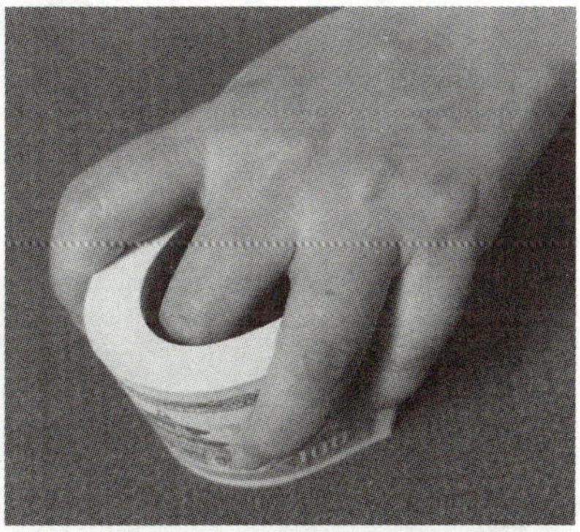

图 2-9

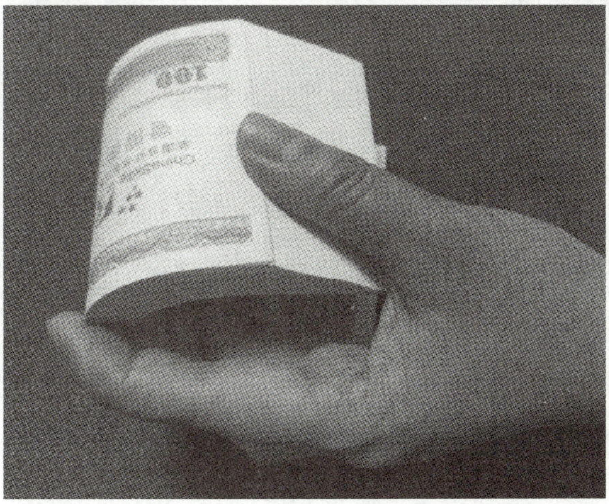

图 2-10

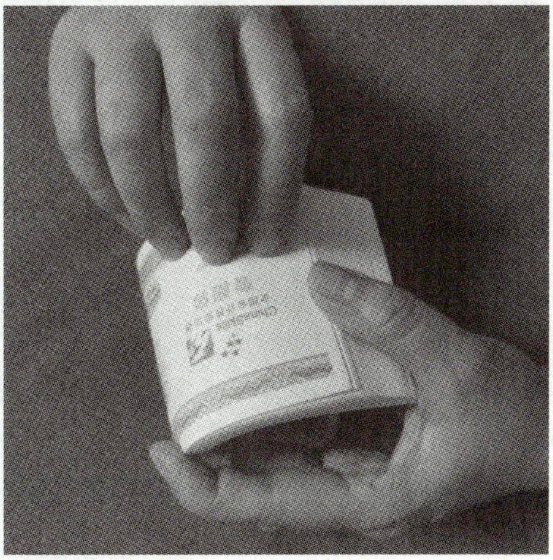

图 2-11

2. 清点

右手手腕抬起，右手的拇指贴在钞票的右里角，其余四指同时弯曲并拢，从小指开始每个手指捻动一张钞票，依次下滑四个手指，每一次下滑动作捻下四张钞票，循环操作，直至点完100张。如图2-12、图2-13、图2-14所示。

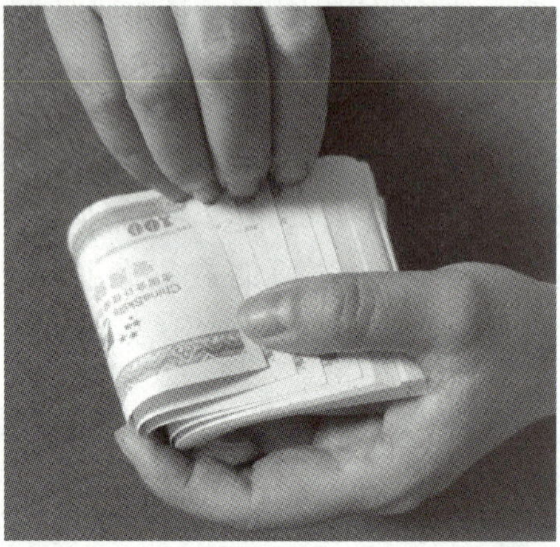

图2-12

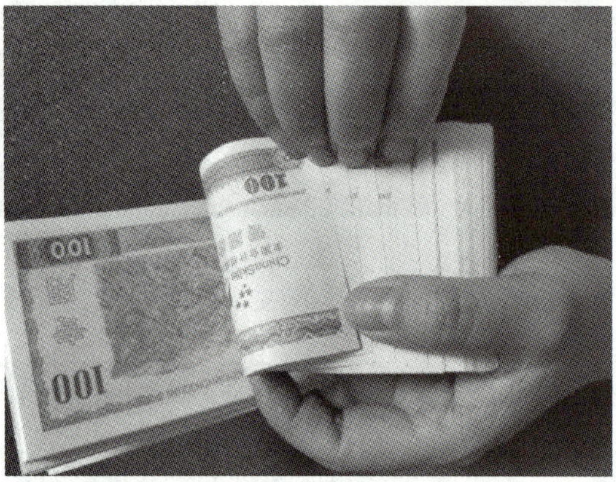

图2-13

图2-14

3. 记数

记数与清点同时进行，记数应采用分组记数法。每次点四张为一组，记满25组即为100张。

记数时要默记，不要念出声，做到眼、脑、手三者密切配合，既准又快。

4. 扎把盖章

方法与单指单张点钞法相同，此处不再赘述。

四、钞票的捆扎技术（扎把方法）

（一）“缠绕式”扎把

临柜收款时多采用“缠绕式”扎把方法，也叫“缠绕折掖法”，需使用牛皮纸腰条。具体方法如下：

(1) 将点准的100张钞票墩齐。

(2) 左手从长的方向拦腰握着钞票，使之呈瓦状（瓦状的弯曲幅度影响扎钞的松紧，在捆扎中幅度不能变）。

(3) 右手握着腰条头将其从钞票长的方向夹入钞票的中间（离一端1/4～1/3处），从凹面开始缠绕钞票两圈。

(4) 在翻到钞票原转角处将腰条向右折叠90°，将腰条头绕捆在钞票的腰条处转两圈打结。

(5) 整理钞票。

如图2-15、图2-16、图2-17所示。

图2-15

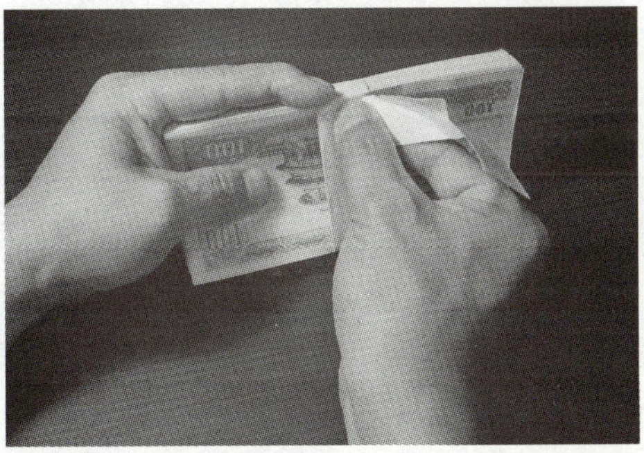

图2-16

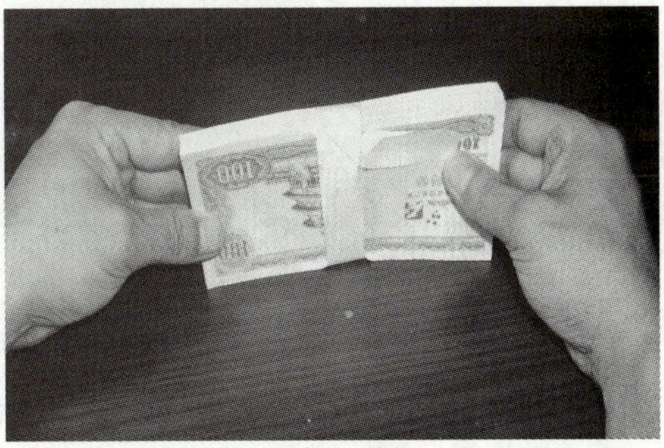

图2-17

(二)“扭结式”扎把

在点钞考核、比赛时多采用“扭结式”扎把方法，也叫“拧扎法”，需使用绵纸腰条。具体方法如下：

(1) 将点准的100张钞票墩齐。

(2) 左手从长的方向拦腰握着钞票，使之呈瓦状（瓦状的弯曲幅度影响扎钞的松紧，在捆扎中幅度不能变）。

(3) 右手将腰条从钞票凸面放置，将两腰条头绕到凹面，左手食指、拇指分别按住腰条与钞票厚度交接处。

(4) 右手拇指、食指夹住腰条头其中一端，中指、无名指夹住腰条头的另一端，并合在一起，右手顺时针转180°，左手逆时针转180°，将拇指与食指夹住的那一头从腰条与钞票之间绕过、打结。

（5）整理钞票。

五、点钞技能训练的质量标准

在点钞技能训练中，若采用手持式单指单张点钞法，一般应在5分钟内清点6～8把。具体要求如下：

（1）数额正确。

（2）票币整把墩齐，无单张露头。

（3）扎把要紧，以提起第一张不掉为准。

（4）盖章要清晰可见。

项目小结

本项目主要介绍了点钞的基本程序、基本要求，重点介绍了手持式单指单张点钞法、手持式四指四张点钞法、扎把方法等内容。

巩固练习

1. 手持式单指单张点钞练习。
2. 扎把练习。
3. 手持式四指四张点钞练习。

项目二　验钞技能

一、第五套人民币的基本知识

1999年6月30日，国务院发布的第268号国务院令规定，为了适应经济发展的需要，进一步完善我国货币制度，提高人民币的防伪性能，决定：

（1）责成中国人民银行自1999年10月1日起陆续发行第五套人民币。第五套人民币有100元、50元、20元、10元、5元、1元、5角和1角八种面额。

（2）第五套人民币与现行人民币的比率为一比一，即第五套人民币1元和现行人民币1元等值，其余类推。

（3）第五套人民币发行后，与现行人民币混合流通，具有同等的货币职能。任何单位或个人，均不得以任何理由拒收其中任何一种人民币。

（4）第五套人民币各种券别的发行时间，责成中国人民银行陆续公告。

（5）凡破坏第五套人民币发行或借发行新版货币之机扰乱金融秩序者，均依法惩处。对上述违法行为，每个公民均有权向当地人民政府和司法机关检举揭发。

为了提高第五套人民币的印刷工艺和防伪技术，经国务院批准，中国人民银行对第五套人民币（1999年版）的生产工艺、技术进行了改进和提高。改进、提高后的2005年版第五套人民币100元、50元、20元、10元、5元纸币和1角硬币，于2005年8月31日发行流通。

中国人民银行于 2015 年 11 月 12 日起发行 2015 年版第五套人民币 100 元纸币。

2019 年 4 月 29 日，央行发布公告称，中国人民银行定于 2019 年 8 月 30 日起发行 2019 年版第五套人民币 50 元、20 元、10 元、1 元纸币和 1 元、5 角、1 角硬币。发行后，与同面额流通人民币等值流通。

2020 年 7 月 8 日，中国人民银行发布了中国人民银行公告〔2020〕第 9 号，定于自 2020 年 11 月 5 日起发行 2020 年版第五套人民币 5 元纸币。

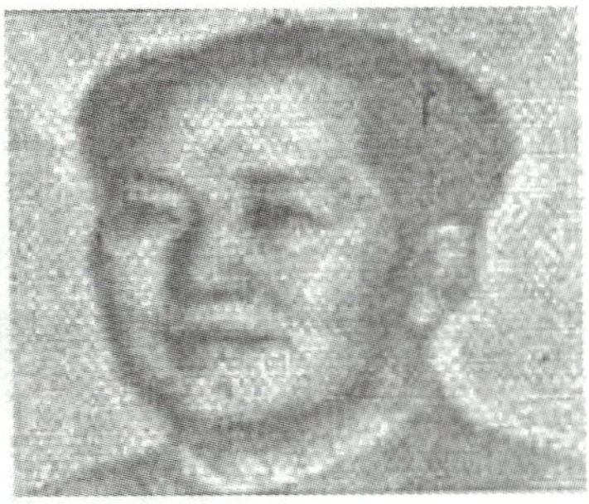

毛泽东头像水印

二、2005 年版第五套人民币公众防伪特征及票样

（一）2005 年版 100 元、50 元券公众防伪特征

（1）固定人像水印（毛泽东头像）。100 元、50 元人民币票面正面左侧空白处，迎光透视，可见与主景人像相同、立体感很强的毛泽东头像水印。

（2）手工雕刻头像。

100 元头像

50 元头像

（3）隐形面额数字。

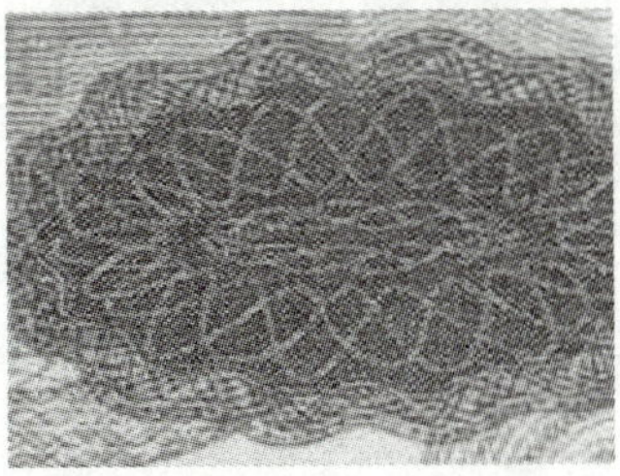

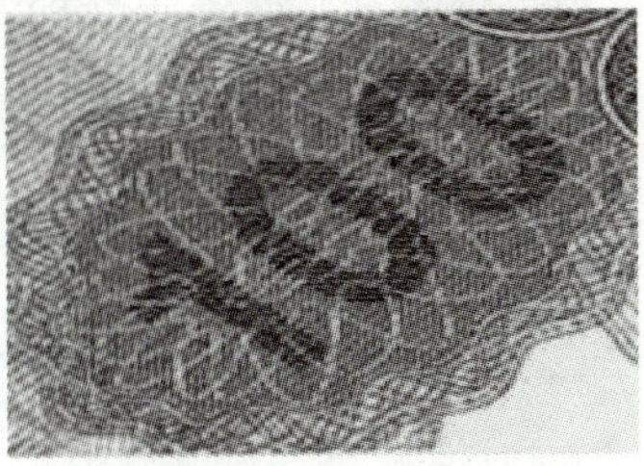

（4）胶印缩微文字。

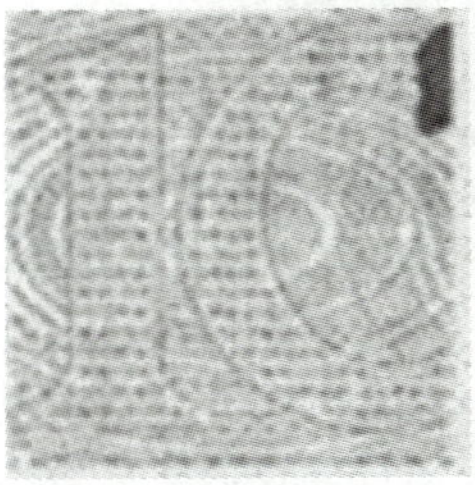

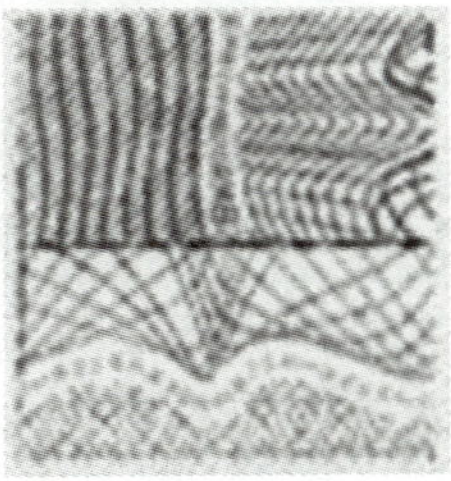

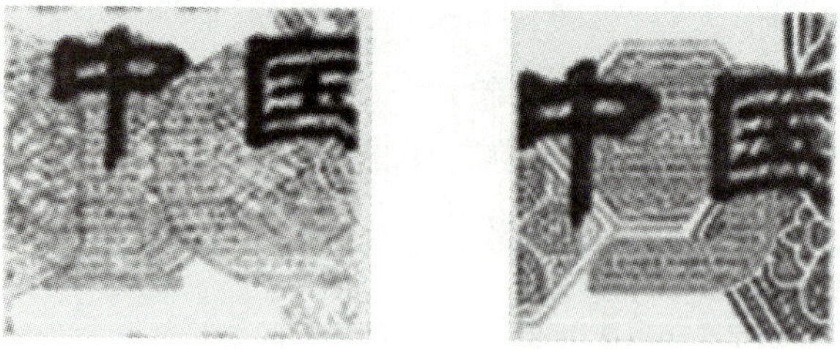

（5）雕刻凹版印刷。

（6）双色异形横号码。正面左下角印有双色异形横号码，左侧部分为暗红色，右侧部分为黑色。字符由中间向左右两边逐渐变小。

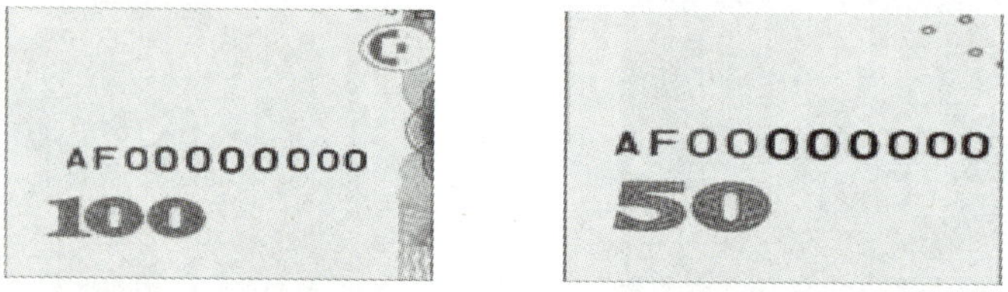

（7）全息磁性开窗安全线。背面中间偏右有一条开窗安全线，开窗部分可以看到由缩微字符（100 元为“￥100”，50 元为“￥50”）组成的全息图案，仪器检测有磁性。

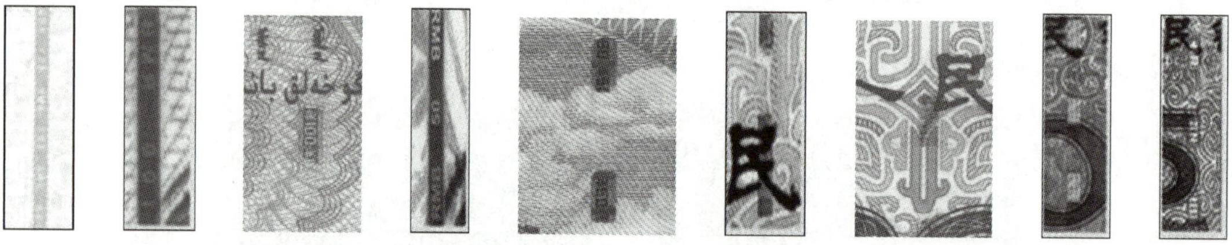

（8）光变油墨面额数字。从垂直到倾斜一定角度观察，100 元由绿色变成蓝色，50 元由金色变为绿色。

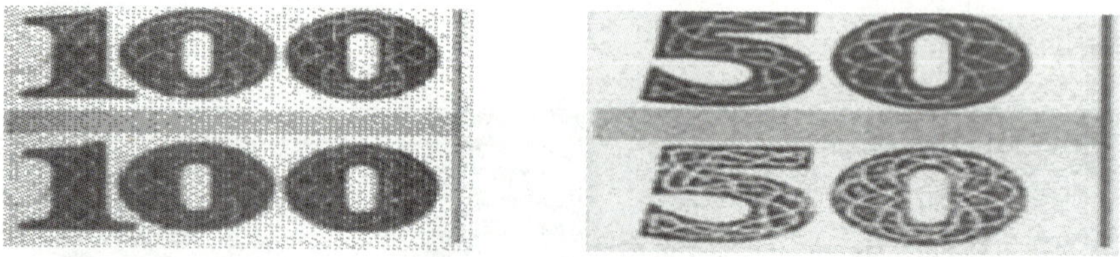

（9）胶印对印图案。正面位于主景图案左侧中间处，背面位于主景图案右侧中间处，迎光透视，可以看到正、背图案合并组成一个外圆内方的古钱图案。

（10）白水印。位于正面双色横号码下方，迎光透视，可以看到透光性很强的水印字样，100 元为“100”，50 元为“50”。

（11）凹印手感线。正面主景图案右侧有一组自上而下规则排列的线纹，采用雕刻凹版印刷工艺印制，用手触摸，有极强的凹凸感。

（二）2005 年版 100 元和 50 元券票样

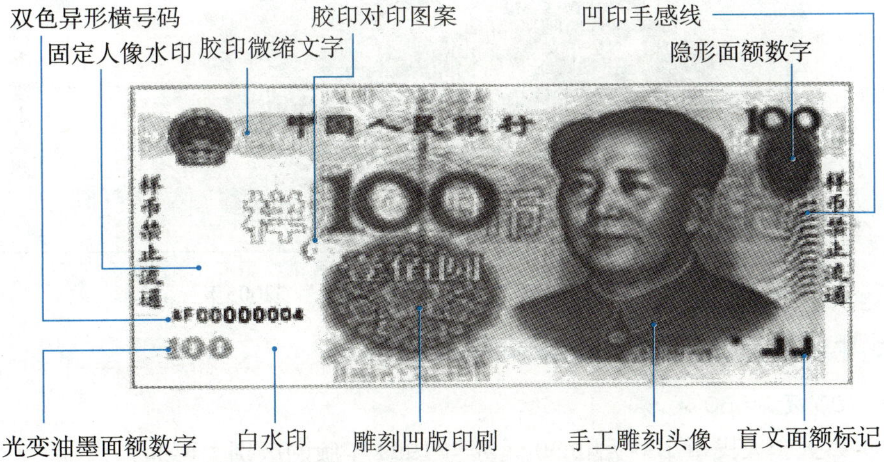

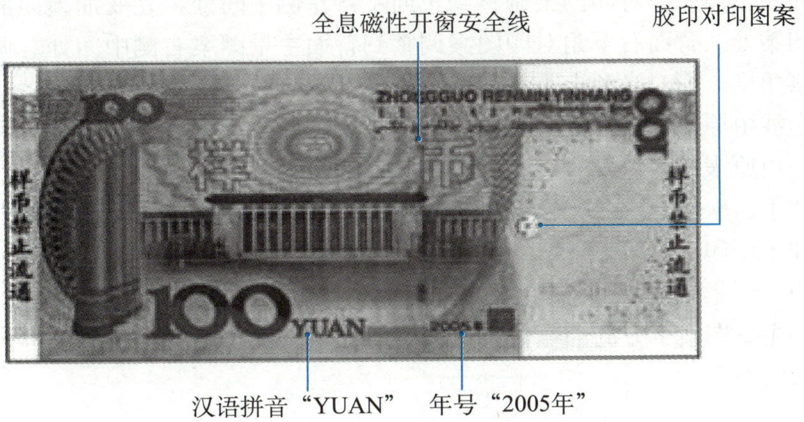

三、2005 年版第五套人民币与 1999 年版的区别

（一）100 元和 50 元券

2005 年第五套人民币 100 元和 50 元券与 1999 年版的区别主要为：

（1）正面左下角胶印对印图案调整到正面主景左侧中间处，光变油墨面额数字左移至原胶印对印图案处。背面右下角对印图案调整到背面主景图案右侧中间处。调整了隐形面额数字的观察角度，面对光源上下晃动，即可看到。

（2）安全线由原来的全埋磁性安全线改为全息磁性开窗安全线。

（3）号码由原来的双色横号码改为双色异形横号码。

（4）增加了白水印。

（5）增加了凹印手感线。

（6）取消了纸张中的红、蓝彩色纤维。

（7）背面主景图案下方的面额数字后面，增加了人民币单位元的汉语拼音“YUAN”；年号改为“2005 年”。

2005 年版 100 元票样

1999 年版 100 元票样

1999 年版 50 元票样

（二）20 元券

1. 2005 年版 20 元券的主要特征

（1）固定花卉水印（荷花）。

（2）手工雕刻头像。

（3）隐形面额数字。

（4）胶印缩微文字。

（5）雕刻凹版印刷。

（6）双色横号码。

（7）全息磁性开窗安全线。

（8）阴阳互补对印图案。

（9）白水印。

（10）凹印手感线。

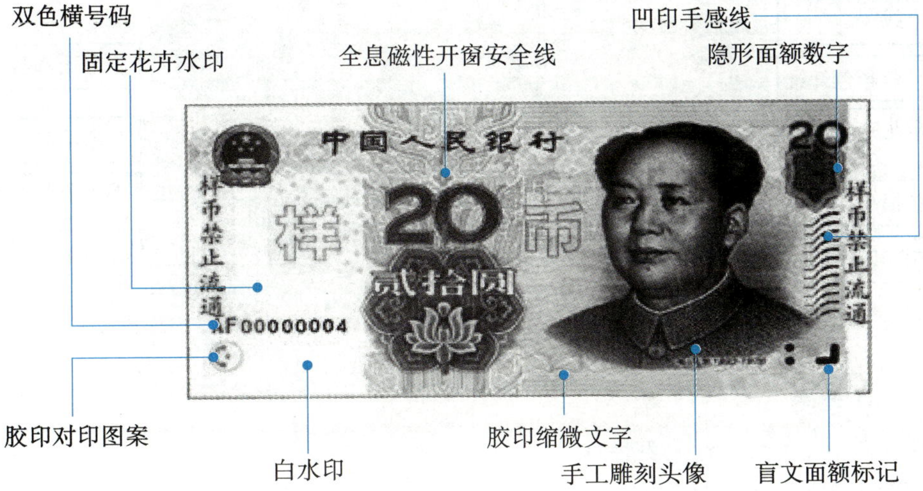

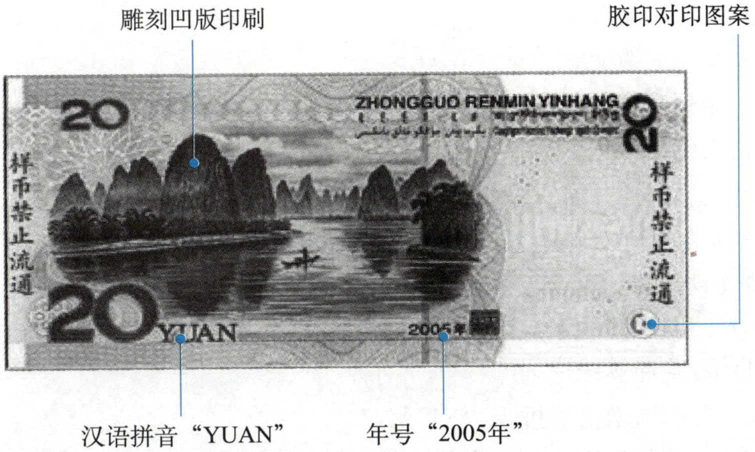

2005 年版 20 元票样

2. 2005 年版 20 元券与 1999 年版的区别

（1）雕刻凹版印刷，背面由胶印改为凹印。

（2）调整了隐形面额数字的观察角度，面对光源上下晃动，即可看到。

（3）安全线由原来的全埋间断式安全线改为全息磁性开窗安全线。

（4）增加了白水印。

（5）增加了对印。

（6）增加了凹印手感线。

（7）取消了纸张中的红、蓝彩色纤维。

（8）取消了背面原双色横号码下方的装饰性图案；背面主景图案下方的面额数字后面，增加了人民币单位元的汉语拼音“YUAN”；年号改为“2005 年”。

1999 年版 20 元票样

（三）10 元券

1. 2005 年版 10 元券的主要特征

（1）固定花卉水印（月季花）。

（2）手工雕刻头像。

（3）隐形面额数字。

（4）胶印缩微文字。

（5）雕刻凹版印刷。

（6）双色横号码。

（7）全息磁性开窗安全线。

（8）阴阳互补对印图案。

（9）白水印。

（10）凹印手感线。

（11）盲文面额标记。

（12）背面新增汉语拼音“YUAN”。

（13）背面年份为“2005 年”。

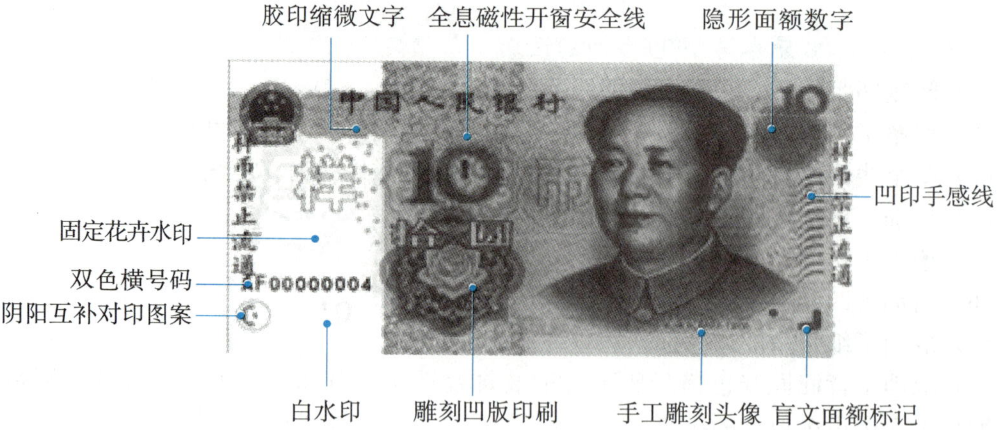

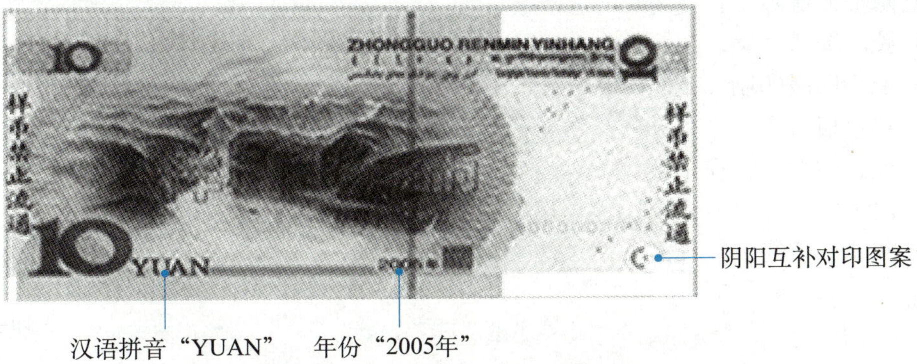

1999 年版 10 元票样

2. 2005 年版 10 元券与 1999 年版的区别

（1）调整了隐形面额数字的观察角度，面对光源上下晃动，即可看到。

（2）增加了凹印手感线。

（3）取消了纸张中的红、蓝彩色纤维。

（4）背面主景图案下方的面额数字后面，增加了人民币单位元的汉语拼音“YUAN”；年号改为“2005 年”。

（四）5 元券

1. 2005 年版 5 元券的主要特征

（1）固定花卉水印（水仙花）。

（2）手工雕刻头像。

（3）隐形面额数字。
（4）胶印缩微文字。
（5）雕刻凹版印刷。
（6）双色横号码。
（7）全息磁性开窗安全线。
（8）白水印。
（9）凹印手感线。

2005 年版 5 元票样

2. 2005 年版 5 元券与 1999 年版的区别

（1）调整了隐形面额数字的观察角度，面对光源上下晃动，即可看到。
（2）增加了凹印手感线。
（3）取消了纸张中的红、蓝彩色纤维。
（4）背面主景图案下方的面额数字后面，增加了人民币单位元的汉语拼音“YUAN”；年号改为“2005 年”。

1999 年版 5 元票样

（五）1 角硬币

2005 年版 1 角硬币的材质由铝合金改为不锈钢，色泽为钢白色。单枚质量 3.20 克，其正背面图案、规格、外形与 1999 年版相同。

1999 年版 1 角硬币

2005 年版 1 角硬币

四、2015 年版第五套人民币 100 元纸币基本知识

（一）发行时间

中国人民银行于 2015 年 11 月 12 日起发行 2015 年版第五套人民币 100 元纸币。

（二）票面

2015 年版第五套人民币 100 元纸币在保持 2005 年版第五套人民币 100 元纸币规格、正背面主图案、主色调、“中国人民银行”行名、国徽、盲文和汉语拼音行名、民族文字等不变的前提下，对部分图案做了适当调整，对整体防伪性能进行了提升。

1. 正面

票面中部增加光彩光变数字“100”，其下方团花中央花卉图案为紫色；左下角面额数字为胶印对印图案，其上方为双色横号码；正面主景图案右侧增加光变镂空开窗安全线和竖号码；右上角面额数字为竖排，并对数字样式进行了调整。

2. 背面

票面年号改为“2015 年”；取消了右侧全息磁性开窗安全线和右下角防复印图案；调整了面额数字样式、票面局部装饰图案色彩和胶印对印图案及其位置。

3. 2015 年版第五套人民币 100 元纸币与 2005 年版的区别

（1）取消了票面正面右侧的凹印手感线、隐形面额数字和左下角的光变油墨面额数字。

（2）票面正面中部增加了光彩光变数字，右侧增加了光变镂空开窗安全线和竖号码。

（3）票面正面右上角面额数字由横排改为竖排，并对数字样式做了调整；中央团花图案中心花卉色彩由橘红色调整为紫色，取消花卉外淡蓝色花环，并对团花图案、接线形式做了调整；胶印对印图案由古钱币改为面额数字“100”，并由票面左侧中间位置调整至左下角。

（4）取消了全息磁性开窗安全线和右下角的防复印标记。

（5）减少了票面左右两侧边部胶印图纹，适当留白；票面背面胶印对印图案由古钱币改为面额数字“100”，并由票面右侧中间位置调整至右下角；面额数字“100”上半部颜色由深紫色调整为浅紫色，下半部由大红色调整为橘红色，并对线纹结构进行了调整；票面背面局部装饰图案色彩由蓝、红相间调整为紫、红相间；票面背面左上角、右上角面额数字样式均做了调整。

（6）年号调整为“2015 年”。

（三）辨别

1. 摸

2015 年版第五套人民币 100 元纸币采用了雕刻凹凸印刷，票面正面毛泽东头像、国徽、“中国人民银行”行名、右上角面额数字、盲文及背面人民大会堂等均采用雕刻凹凸印刷，用手指触摸有明显的凹凸感。

2. 看

透光观察票面正面左侧空白处，可见毛泽东头像，位于票面正面横号码上方。透光观察，可以看到透光性很强的水印面额数字“100”。票面正面左下方和背面右下方均有面额数字“100”的局部图案。透光观察，正背面图案组成一个完整的面额数字“100”。

3. 晃

面额数字“100”位于票面正面中部。垂直票面观察，数字以金色为主；平视观察，数字以绿色为主。随着观察角度的改变，数字颜色在金色和绿色之间交替变化，并可见到一条亮光带上下滚动。光变镂空开窗安全线位于票面正面右侧。垂直票面观察，安全线呈品红色；与票面成一定角度观察，安全线呈绿色；透光观察，可见安全线中正反交替排列的镂空文字“¥100”。

（四）防伪

1. 光彩光变面额数字

光彩光变技术是国际钞票防伪领域公认的前沿公众防伪技术之一，公众更容易识别。截至 2015 年，世界上已有包括中国、俄罗斯、欧元区在内的多个国家和地区的钞票采用了该技术。2015 年版第五套人民币 100 元纸币在票面正面中部印有光彩光变数字。垂直观察票面，数字“100”以金色为主；平视观察，数字“100”以绿色为主。随着观察角度的改变，数字“100”的颜色在金色和绿色之间交替变化，并可见到一条亮光带在数字上下滚动。

2. 光变镂空开窗安全线

光变镂空开窗安全线位于票面正面右侧。当观察角度由垂直变为倾斜时，安全线的颜色由品红色变为绿色；透光观察时，可见安全线中正反交替排列的镂空文字“¥100”。光变镂空开窗安全线对光源要求不高，颜色变化明显，同时集成镂空文字特征，有利于公众识别。

3. 防伪技术和印制质量

2015年版第五套人民币100元纸币对原有的一些防伪技术和印制质量进行了提升。例如，人像水印清晰度明显提升，层次更加丰富；采用了横竖双号码，并改变了原有的冠字号码字形，更符合公众识别习惯和机器读取要求，有利于冠字号码的识别与记录，也有利于防范变造货币。

4. 人像水印

人像水印位于票面正面左侧空白处。透光观察，可以看到毛泽东头像。

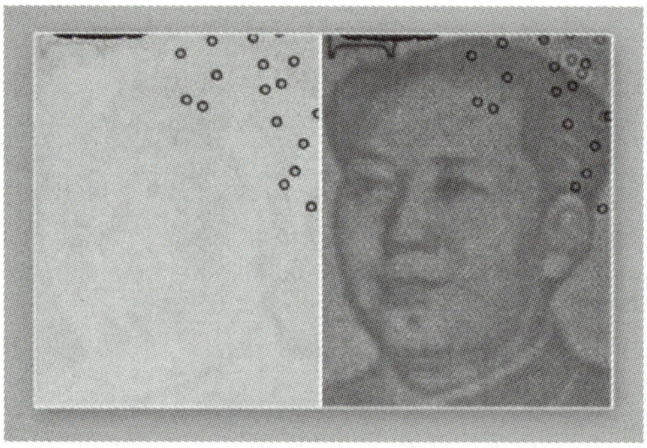

5. 胶印对印图案

票面正面左下方和背面右下方均有面额数字“100”的局部图案。透光观察，正、背面图案组成一个完整的面额数字“100”。

6. 横竖双号码

票面正面左下方采用横号码，其冠字和前两位数字为暗红色，后六位数字为黑色；票面正面右侧竖号码为蓝色。

7. 白水印

白水印位于票面正面横号码下方。透光观察，可以看到透光性很强的水印面额数字“100”。

8. 雕刻凹凸印刷

票面正面毛泽东头像、国徽、“中国人民银行”行名、右上角面额数字、盲文及背面人民大会堂等均采用雕刻凹印印刷，用手指触摸有明显的凹凸感。

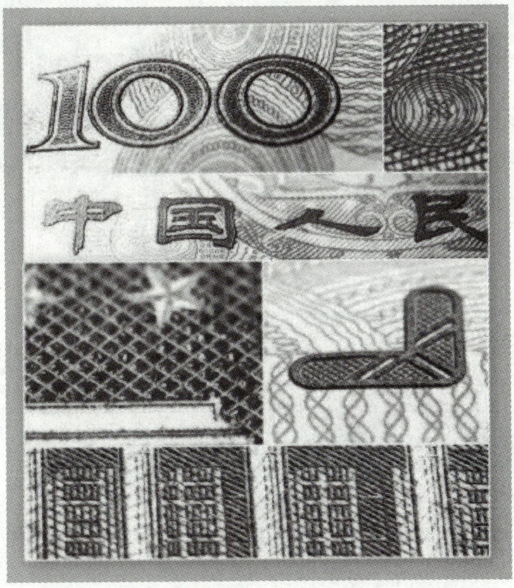

（五）意义

1999 年 10 月，根据第 268 号国务院令，中国人民银行发行了第五套人民币。2005 年

8 月，为提升防伪技术和印制质量，中国人民银行发行了 2005 年版第五套人民币部分纸硬币。2005 年版第五套人民币 100 元纸币发行以来，迄今已有十余年。这十几年期间，现金流通和银行业金融机构对钞票处理的手段发生了巨大变化，自动售货设备和现金自动处理设备蓬勃发展，对人民币的机读性能提出了更高要求。一些不法分子不断利用新技术来伪造人民币，给公众识别真伪带来了困难。为更好地保护人民币持有人的利益，需要根据科学技术的发展，不断提高钞票的防伪技术和印制质量，保持人民币防伪技术的领先地位。为此，中国人民银行决定发行 2015 年版第五套人民币 100 元纸币，在保持规格、主图案、主色调等与 2005 年版第五套人民币 100 元纸币不变的前提下，对票面图案、防伪特征及其布局进行了调整，提高机读性能，采用了先进的防伪技术，使公众更易于识别真伪。

2015 年版第五套人民币 100 元纸币发行后，与同面额流通人民币等值流通。

五、2019 年版第五套人民币

2019 年版第五套人民币是中国人民银行发行的法定货币，包含 50 元、20 元、10 元、1 元纸币和 1 元、5 角、1 角硬币。

2019 年 8 月 30 日起，2019 年版第五套人民币正式对外发行。

（一）发行

2019 年 4 月 29 日，央行发布公告称，中国人民银行定于 2019 年 8 月 30 日起发行 2019 年版第五套人民币 50 元、20 元、10 元、1 元纸币和 1 元、5 角、1 角硬币。发行后，与同面额流通人民币等值流通。

2019 年版 1 元纸币正面

2019 年版 1 元纸币背面

2019 年版 10 元纸币正面

2019 年版 10 元纸币背面

2019 年版 20 元纸币正面

2019 年版 20 元纸币背面

2019 年版 50 元纸币正面

2019 年版 50 元纸币背面

2019 年版 1 角硬币正面

2019 年版 1 角硬币背面

2019 年版 1 角硬币侧面

2019 年版 5 角硬币正面

2019 年版 5 角硬币背面

2019 年版 5 角硬币侧面

2019 年版 1 元硬币正面

2019 年版 1 元硬币背面

2019 年版 1 元硬币侧面

（二）主要特征与区别

2019 年版第五套人民币在保持原有主图案等相关要素不变的前提下，对票（币）面效果、防伪特征及其布局等进行了调整，采用了先进的防伪技术，提高了防伪能力和印制质量，使公众和自助设备易于识别。

1. 纸币

与 2005 年版第五套人民币 50 元、20 元、10 元纸币和 1999 年版第五套人民币 1 元纸币相比，2019 年版第五套人民币 50 元、20 元、10 元、1 元纸币提高了票面色彩鲜亮度，优化了票面结构层次与效果。

（1）50 元纸币。

与 2005 年版第五套人民币 50 元纸币相比，2019 年版第五套人民币 50 元纸币正面中部面额数字调整为光彩光变面额数字“50”；调整了装饰团花的样式；左侧增加了装饰纹样，调整了横号码、胶印对印图案的样式，取消了左下角光变油墨面额数字；右侧增加了动感光变镂空开窗安全线和竖号码，调整了毛泽东头像、右上角面额数字的样式，取消凹印手感线。

2005 年版 50 元纸币正面

2019 年版 50 元纸币正面

2019 年版第五套人民币 50 元纸币背面调整了主景、面额数字、胶印对印图案的样式，取消全息磁性开窗安全线和右下角局部图案，年号改为“2019 年”。

2005 年版 50 元纸币背面

2019 年版 50 元纸币背面

（2）20 元纸币。

与 2005 年版第五套人民币 20 元纸币相比，2019 年版第五套人民币 20 元纸币正面中部面额数字调整为光彩光变面额数字“20”；调整了装饰团花的样式，取消了全息磁性开窗安全线；左侧增加了装饰纹样，调整了横号码、胶印对印图案的样式；右侧增加了光变镂空开窗安全线和竖号码，调整了毛泽东头像、右上角面额数字的样式，取消了凹印手感线。

2019 年版第五套人民币 20 元纸币背面调整了主景、面额数字、胶印对印图案的样式，取消了右下角局部图案，年号改为“2019 年”。

2005 年版 20 元纸币正面

2019 年版 20 元纸币正面

2005 年版 20 元纸币背面

2019 年版 20 元纸币背面

（3）10 元纸币。

与 2005 年版第五套人民币 10 元纸币相比，2019 年版第五套人民币 10 元纸币正面中部面额数字调整为光彩光变面额数字“10”；调整了装饰团花的样式，取消全息磁性开窗安全线；左侧增加了装饰纹样，调整了横号码、胶印对印图案的样式；右侧增加了光变镂空开窗安全线和竖号码，调整了毛泽东头像、右上角面额数字的样式，取消了凹印手感线。

2019 年版第五套人民币 10 元纸币背面调整了主景、面额数字、胶印对印图案的样式，取消了右下角局部图案，年号改为“2019 年”。

2005 年版 10 元纸币正面

2019 年 10 元纸币正面

2005 年版 10 元纸币背面

2019 年版 10 元纸币背面

（4）1 元纸币。

与 1999 年版第五套人民币 1 元纸币相比，2019 年版第五套人民币 1 元纸币正面中部调整了面额数字、装饰团花的样式；左侧增加了装饰纹样、面额数字白水印，调整了横号码的样式，取消了左下角装饰纹样；右侧调整了毛泽东头像的样式，取消凹印手感线。

2019 年版第五套人民币 1 元纸币背面调整了主景、面额数字的样式，取消了右下角局部图案，年号改为“2019 年”。

1999 年版 1 元纸币正面

2019 年版 1 元纸币正面

1999 年 1 元纸币背面

2019 年 1 元纸币背面

2. 硬币

与 1999 年版第五套人民币 1 元、5 角硬币和 2005 年版第五套人民币 1 角硬币相比，2019 年版第五套人民币 1 元、5 角、1 角硬币调整了正面面额数字的造型，适当收缩了背面花卉图案。

（1）1 元硬币。

2019 年版第五套人民币 1 元硬币直径调整为 22.25 毫米。正面面额数字“1”轮廓线内增加隐形图文“¥”和“1”，边部增加圆点。

（2）5 角硬币。

2019 年版第五套人民币 5 角硬币的材质由钢芯镀铜合金改为钢芯镀镍，色泽由金黄色改为镍白色。正、背面内周缘由圆形调整为多边形。

（3）1 角硬币。

2019 年版第五套人民币 1 角硬币正面边部增加圆点。

（三）技术提升

1. 纸币

2019 年版第五套人民币 50 元、20 元、10 元、1 元纸币与 2015 年版第五套人民币 100 元纸币的防伪技术及其布局形成系列化。在 2005 年版和 1999 年版第五套人民币纸币（2005 年版 50 元、20 元、10 元纸币，1999 年版 1 元纸币）防伪技术的基础上，2019 年版第五套人民币 50 元、20 元、10 元纸币增加了光彩光变面额数字、光变镂空开窗安全线、磁性全埋安全线、竖号码等防伪特征，取消了全息磁性开窗安全线和凹印手感线，50 元纸币取消了光变油墨面额数字，1 元纸币增加了磁性全埋安全线和白水印。总体来看，2019 年版第五套人民币应用的防伪技术更加先进，布局更加合理，整体防伪能力有明显提升。

（1）光彩光变面额数字。

2019 年版第五套人民币 50 元、20 元、10 元纸币票面中部印有光彩光变面额数字，改变观察钞票角度，面额数字颜色出现变化，并可见一条亮光带上下滚动。

（2）光变镂空开窗安全线。

光变镂空开窗安全线具有颜色变化和镂空文字特征，易于公众识别，是一项常用的公众防伪特征。2019 年版第五套人民币 50 元纸币采用动感光变镂空开窗安全线，改变观察钞票角度，安全线颜色在红色和绿色之间变化，亮光带上下滚动；透光观察可见“￥50”。2019 年版第五套人民币 20 元、10 元纸币采用光变镂空开窗安全线，与 2015 年版第五套人民币 100 元纸币类似，改变观察钞票角度，安全线的颜色在红色和绿色之间变化；透光观察，20 元纸币可见“￥20”，10 元纸币可见“￥10”。

（3）其他措施。

2019 年版第五套人民币纸币还采取了其他多种措施以提升防伪技术水平和印制质量。例如，水印清晰度和层次效果明显提升；钞票纸强度显著提高，流通寿命更长；纸币两面采用抗脏污保护涂层，整洁度明显改善；延续 2015 年版第五套人民币 100 元纸币冠字号码字形设计，有利于现金机具识别。

2. 硬币

2019 年版第五套人民币 1 元硬币保持 1999 年版第五套人民币 1 元硬币外缘滚字不变，增加了隐形图文特征，防伪性能明显提升，公众更易于识别真伪。

（1）隐形图文。

隐形图文雕刻技术是国际造币领域公认的先进公众防伪技术之一，公众容易识别。在 2019 年版第五套人民币 1 元硬币正面面额数字轮廓内有一组隐形图文“￥”和“1”。转动硬币，从特定角度可以观察到“￥”，从另一角度可以观察到“1”。

（2）其他措施。

2019 年版第五套人民币硬币还采取了其他措施提升制币质量。例如，5 角硬币材质由钢芯镀铜合金改为钢芯镀镍，抗变色性能明显提升，正、背面内周缘由圆形调整为多边形，方便特殊群体（弱视）识别。

六、假币的种类与特征

《中国人民银行假币收缴、鉴定管理办法》所称的假币是指伪造和变造的货币。伪造的货币是指仿照真币的图案、形状、色彩等，采取各种手段制作的假币。变造的货币是指在真币的基础上，利用挖补、揭层、涂改、拼凑、移位、重印等多种方法制作，改变真币原形态的假币。

（一）伪造币分类

（1）机制假币：模仿真币的形象，利用现代化的制版印刷技术伪造的假币。其质量高、数量多，极容易扩散，危害性最大，是反假货币的主要目标。

（2）拓印假币：是指利用化学原理，以一定化学物质浸泡真币，使真币颜色脱离，构成另外图案滋生的假币。

（3）彩色复印假币：是指利用分辨率很高的彩色复印机复印伪造出来的假币。此类假币的颜色、图案与真币比较相似，但总的来说比较粗糙，线条一般不很光洁，在放大镜下观察，该种假币的图案均由横向或竖向间断的线条组成。

（4）手工描绘或手工刻版印制的假币：此类假币伪造手段落后，制版的材料质量低劣，伪造出来的假币质量很差，比较容易识别。

（5）照相假币：采用相纸做钞纸材料，利用照相设备拍摄、冲洗成型的假币。此类假币与一般的相片制作方法相同，其纸张厚且脆，稍加揉折票面就有裂痕，票面带有与真币截然不同的光泽。

（6）铸造假币：利用浇铸或印模压印制造的假币。浇铸的假币一般图纹粗糙、模糊，没有金属光泽，用肉眼容易辨别。通过真币做模版刻制印模，再用冲床机压出来的假币，与真币较为相似，欺骗性强，需要与真币仔细比较才能看出真假。

（二）变造币分类

（1）剪贴变造币：将人民币剪成若干条，每张取出其中一条，数条可以拼凑一张完整的票币，以少张变多张，从中牟利。

（2）揭页变造币：将人民币先进行一定的处理，然后一揭为二，再用白纸进行粘贴，形成一面是真币、另一面是假币的假币。

（三）假币的特征

（1）固定人像、花卉水印。假币伪造水印的方法一般有两种：第一种是在纸张夹层中涂布白色的浆料，透光观察水印所在位置的纸张明显偏厚；第二种是在票面上面、背面或正、背面同时使用无色或淡黄色油墨印刷类似水印的图案，图案不透光也清晰可见，立体感较差。

（2）安全线。假币伪造安全线的方法有三种：第一种方法是在钞票表面，用油墨印刷一个线条，用于伪造安全线，仪器检测无磁性特征。第二种方法是在纸张夹层中放置与安全线同宽的聚酯类线状物，因其与纸张结合较差，极易抽出。安全线上的缩微文字字形较为粗糙，仪器检测无磁性特征。第三种方法是伪造开窗安全线，使用双层纸张。在正面纸张上对应开窗位置留有断口，使镀有金属反射表面的聚酯类线状物从一个断口伸出，再从另一个断口埋入，用以伪造开窗安全线，其与纸张结合较差。

（3）红、蓝彩色纤维。假币使用与真币的彩色纤维形状近似的细线，伪造红、蓝彩色纤维。

（4）阴阳互补对印图案。假币的对称图案在迎光透视时正、背面图案重合得不够完整，有明显的错位现象。

（5）雕刻凹版印刷图案。假币的正、背面主景多是由细点组成（真钞由点、线组成），图案颜色不正，缺乏层次，明暗过渡不自然。特别是人像目光无神，发丝模糊。图案无凹凸感，也有一部分假币在凹凸部位涂抹胶水或压痕来模仿凹印效果。

（6）隐形面额数字。假币隐形面额数字是使用无色油墨印刷而成的，图案线条与真币差别大，而且即使垂直票面观察也可看到。

（7）有色、无色荧光图案。在紫外光下，假币要么没有有色、无色荧光图案，要么其颜色及亮度与真币有一定的差别。

（8）胶印缩微文字。假币的胶印缩微文字模糊不清，无法分辨。

（9）光变油墨面额数字。假币一般使用两种方式伪造光变油墨面额数字。第一种是用普通单色油墨平版印刷，无真币特有的颜色变化特征，用手触及其表面时无凹凸感。第二种是使用珠光油墨丝网印刷，其变色特征与真币有较明显的区别。如100元假钞，使用绿色珠光油墨伪造光变油墨面额数字，有一定的光泽，但其线条粗糙，只有绿色珠光效果，无蓝色特征。

（10）专用纸张。大部分假币所使用的纸张在紫外光下会发出较强的蓝色荧光，也有少量假币纸张荧光较弱或没有荧光。假币纸张中不含无色荧光纤维。

（四）在我国部分地区出现的高仿真假币

1. “TJ55”“AZ88”“WL15”“YX86”冠字号码100元假币

这些假币的伪造特征是：

（1）此四种冠字号码假币均为机制胶印假币。

（2）纸张光滑较脆，在紫外光下无荧光反应，纸张中无荧光纤维。

（3）固定人像水印模糊不清、无立体感，为白色油墨在正面印刷而成。

（4）白水印透光效果较差。

（5）安全线系印刷而成。

（6）缩微文字模糊不清。

（7）胶印对印图案出现漏白和错位。

（8）光变油墨面额数字采用绿色油墨印刷而成，无光变效果。

（9）冠字号码系胶印印刷，字符排列不齐、间隔不规则。

（10）有些假币无凹印手感，有些假币凹印手感为压印而成。

（11）有些假币没有仿造无色荧光油墨及有色荧光油墨印刷图案；有些假币仿造的无色荧光油墨及有色荧光油墨印刷图案颜色与真币差别较大。

2. 高仿真假币的主要特征

高仿真假币

（1）磁性安全线：真币的磁性安全线是完整的一条线，高仿真假币（HD假币）的安全线一般有明显断续。目前发现的高仿真假币有两种安全线：一种是用银黑色磁带夹在正背面纸张中，并在背面用银色油墨烫印图案；另一种是用黑色油墨在假币正面印刷黑色条纹，背面用银色油墨烫印图案，并刷上磁粉。

（2）左下角的“100”字样：真币正面左下角的“100”字样在不同角度可以看到蓝和绿两种主要颜色，高仿真假币无光变效果；真币正面左下角“100”字样的右边空白处有“100”字样的白水印，对光看具有较好的透光性，高仿真假币一般采用黄色油墨印刷“100”字样，不透光。

（3）正面左上国徽：真币的正面左上有几处图案，包括国徽和“中国人民银行”字样等，用手摸凹凸感明显，高仿真假币的凹凸感不明显。

（4）右上角的“100”字样：真币右上角的“100”下面红色装饰图案中的隐形面额数字“100”，必须把钞票放在和眼睛接近平行位置，对着光源才能看到，高仿真假币的“100”字样无须旋转角度即可看见。

（5）古钱币标志：真币的中间偏左，最大的“100”字样左下有半个“孔方”古钱币图案，正、背面各半个，对光可以看到一个完整的中国古钱币标志，高仿真假币几乎无法拼完整或有间隙。

（6）外观情况：高仿真假币与冠字号码为“HB”“FA”“BH”“CK”等2005年版100元假币均属于机制胶版印刷假币，纸张较脆、无韧性，水印模糊，没有立体感。

图2-18　山东临沂拼接假币

（五）我国部分地区出现的假币图片

图2-18是山东临沂拼接假币部分，最左边1/4白色部分为假币，右边3/4部分为真币。

图2-19是广西高仿真假币。

图2-19　广西高仿真假币

七、人工鉴别假币的方法

人民币纸币真伪的识别通常采用直观对比（眼看、手摸、耳听）和仪器检测相结合的方法，即通常所说的“一看、二摸、三听、四测、五拓”。

（一）眼看

用眼睛仔细观察票面的颜色、图案、花纹、水印、安全线等外观情况，即观察票面外观颜色、固定人像水印、安全线、胶印缩微文字、红色和蓝色纤维、隐形面额数字、光变面额数字、对印图案、横竖双号码。真币的图案颜色协调，图案、人像层次丰富，富有立体感，人物形象表情传神，色调柔和亮丽；票面中的水印立体感强，层次分明，灰度清晰；安全线牢固地与纸张黏合一起，并有特殊的防伪标记；对印图案完整、准确；各种线条粗细均匀，直线、斜线、波纹线明晰、光洁。

（二）手摸

即以手指触摸钞票的感觉来分辨人民币的真伪。人民币是采用特殊原料，由专用设备制造的印钞专用纸张印制，其手感光滑、厚薄均匀、坚挺有韧性，且票面上的行名、盲文、国徽和主景一般采用凹版印刷工艺，用手轻轻触摸，有凹凸感，与摸普通纸张感觉不一样。

（三）耳听

即通过抖动使钞票发出声响，根据声音来判断人民币的真伪。人民币是用专用特制纸张印制而成的，具有挺括、耐折、不易撕裂等特点，手持钞票用力抖动、手指轻弹或两手一张一弛轻轻对称拉动钞票，均能发出清脆响亮的声音。

（四）仪器检测

即借助一些简单工具和专用仪器进行钞票真伪的识别。如借助放大镜来观察票面线条的清晰度，胶印缩微文字等；用紫外灯光照射钞票，观察有色和无色荧光油墨印刷图案，纸张中不规则分布的黄、蓝两色荧光纤维；用磁性检测仪检测黑色横号码的磁性。

（五）笔拓

将薄纸敷在钞票的水印位置上用铅笔拓，纸上会出现清晰的水印轮廓。

八、假币的处理

单位和个人若发现假币，应上缴中国人民银行或办理货币存取款和外币兑换业务的金融机构。金融机构是指商业银行、城乡信用社、邮政储蓄的业务机构。

金融机构在办理货币存取款和外币兑换业务时发现假币，由该金融机构两名以上业务人员当面予以收缴。对假人民币纸币，应当加盖“假币”字样戳记；对假外币纸币及各种假硬币，应当面以统一格式的专用袋加封，封口处加盖“假币”字样戳记，并在专用袋上标明币种、券别、面额、张（枚）数、冠字号码、收缴人、复核人名章等。

收缴假币的金融机构向持有人出具中国人民银行统一印制的《假币收缴凭证》，并告知持有人，如对被收缴的假币真伪有异议，可向中国人民银行当地分支机构或中国人民银行授权的当地鉴定机构申请鉴定。收缴的假币，不得再交予持有人。

持有人对被收缴假币的真伪有异议，可以在收缴之日起 3 个工作日内，持《假币收缴凭证》直接或通过收缴单位向中国人民银行当地分支机构或中国人民银行授权的当地鉴定机构提出书面鉴定申请。中国人民银行当地分支机构或中国人民银行授权的当地鉴定机构应当无偿提供鉴定货币真伪的服务，鉴定后应出具《货币真伪鉴定书》，并加盖货币鉴定专用章和鉴定人的名章。

对盖有“假币”字样戳记的人民币纸币，经鉴定为真币的，由鉴定单位交收缴单位按照面额兑换完整券退还持有人，收回持有人的《假币收缴凭证》，盖有“假币”戳记的人民币按损伤人民币处理；经鉴定为假币的，由鉴定单位予以没收，并向收缴单位和持有人出具《货币真伪鉴定书》和《假币没收收据》。对收缴的外币纸币和各种硬币经鉴定为真币的，由鉴定单位交收缴单位退还持有人，并收回持有人的《假币收缴凭证》；经鉴定为假币的，由鉴定单位将假币退还收缴单位依法收缴，并向收缴单位和持有人出具《货币真伪鉴定书》。

项目小结

本项目主要介绍了第五套人民币的基本知识，重点介绍了2005年版、2015年版、2019年版第五套人民币防伪特征、人工鉴别假币的方法以及发现假币的处理等内容。

巩固练习

1. 回顾第五套人民币的基本知识。
2. 2005年版第五套人民币的防伪特征有哪些？
3. 2015年版第五套人民币的防伪特征有哪些？
4. 2019年版第五套人民币的防伪特征有哪些？
5. 识别假币的方法有哪些？
6. 发现假币后应如何处理？

模块三 珠算技能

模块导入

珠算，是以算盘为计算工具，以数学原理为基础，应用算盘的基本原理，以珠记数来计算数值的一项计算技术，是一门实用性很强又富有技术性的应用学科。珠算是我国古代劳动人民在长期生产实践中创造的宝贵的科学文化遗产。珠算是我国经济核算过程中广泛使用的计算技术，财会、金融证券以及经济管理类人才必须掌握珠算的基本知识与基本技能。

学习目标

了解珠算的含义、珠算的起源与发展、珠算的功能、学习珠算的方法，以及算盘的种类、结构、特点、看数与记数方法等主要内容；重点掌握珠算的拨珠指法、加减法、传票算、账表算、乘法、除法等内容。

素质要求

珠算易学难精，学会珠算的运算方法不难，但若要练好珠算并达到娴熟的程度则有一定的难度。所以，我们必须具备持之以恒的精神，通过不断地努力练习，坚持不懈，才能熟练掌握珠算的技能、技巧。

项目一 珠算基础知识

一、珠算的含义

“珠算”一词包含两层含义：一是珠算盘；二是珠算术。这里的珠算仅指珠算术。

珠算，是以算盘为计算工具，以数学原理为基础，应用算盘的基本原理，以珠记数来计算数值的一项计算技术，是一门实用性很强且富有技术性的应用学科。

算盘是由算珠系统构成的计算工具，具有构造简单、使用便利、造价低廉、携带方便等优点。长期以来，算盘作为我国劳动人民所喜爱的计算工具，有着广泛的社会基础。

你知道吗?

1964 年 10 月 16 日，中国的第一颗原子弹在新疆罗布泊试爆成功，而那些大量的数据计算是在没有计算机的情况下，由几千名珠算高手用算盘计算出来的。

二、珠算的起源与发展

（一）珠算的起源

珠算源远流长，有人把珠算与我国四大发明（指南针、火药、造纸、印刷术）相提并论，称其为我国的第五大发明。

珠算作为一种计算技术以及算盘作为一种计算工具，经历了几千年的历史演变过程以及算理、算法不断创新的历史过程，为我国的科技发展、社会进步、经济发展等发挥了极其重要的作用。

1. 珠算之前的计算工具

“筹算”是珠算产生以前的主要计算工具，其演变过程如下：结绳记事→投石子记事→绳串石子→筹算。筹算，经过上千年的演变才产生了珠算。珠算产生以前还有哪些计算工具？这些计算工具又是怎样逐步演变为现代算盘的呢？

（1）筹算。

筹算是中国古代以筹为工具来记数、列式和进行各种数与式的演算的一种方法。筹，又称为策、筹策、算筹，后来又称为算子。它最初是小竹棍一类的自然物，以后逐渐发展成为专门的计算工具，质地与制作也愈加精致。据文献记载，算筹除竹筹外，还有木筹、铁筹、骨筹、玉筹和牙筹，并且有盛装算筹的算袋和算子筒。

我国在春秋以前，社会上就流行用算筹记数和做四则运算。筹算法在古代流传长达2 000多年。据《算学启蒙总括》描述，筹算“一纵十横，百立千僵。千十相望，万百相当，满六以上，五在上方。六不积聚，五不单张”。筹算 1～9 的筹码有纵式与横式两种表示法。

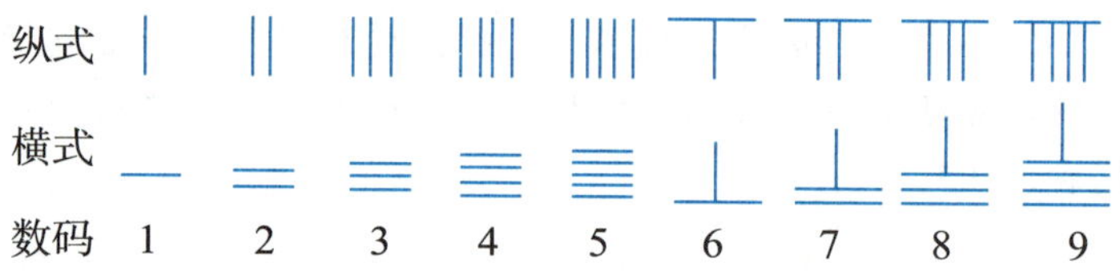

算筹“满六以上，五在上方”规定上面的“一横”或“一直”代表五。算盘以梁上一珠当五，6～9 兼用上珠和下珠记数，继承了筹算“𝍥 𝍦 𝍧 𝍨”的记数法，从而形成中国算盘的特点。例如“1985”用算筹表示出来是“𝍩𝍨𝍰𝍤”。

筹算无“0”，“0”用空档表示。例如“1905”用算筹表示出来是“𝍩𝍨 𝍤”。

“运筹帷幄之中，决胜于千里之外”，这句话就是说大将军在千里外的大帐篷中仅用算筹计算敌我双方兵力对比，即可取胜。

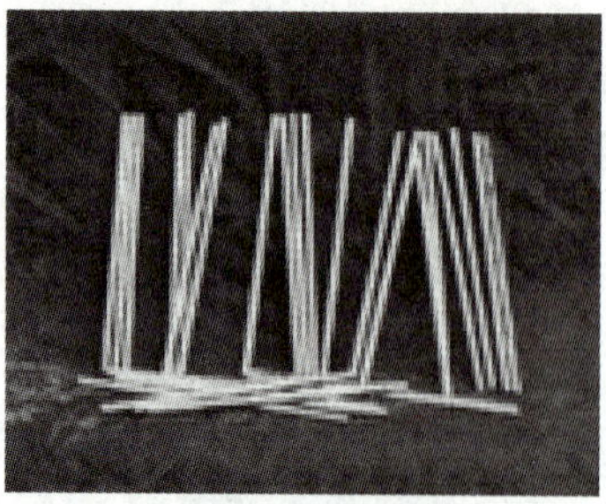

竹木算筹

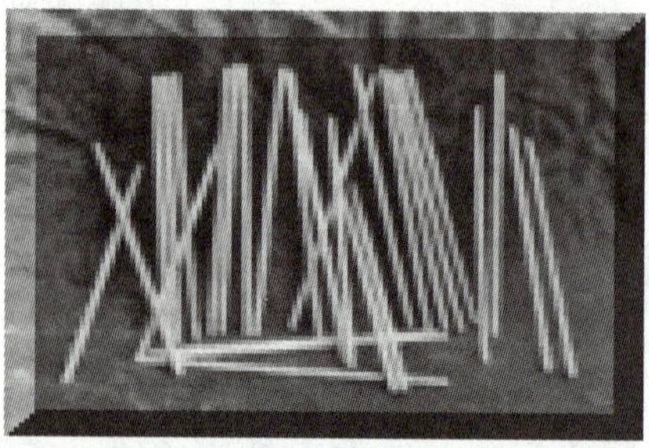

中国古代算筹

（2）太乙算。

所谓“太乙算”，据《数术记遗》载：“太乙之行，去来九道”，甄鸾注解为“刻板横为九道，竖以为柱，柱上一珠，数从下始，故曰去来九道也”。

太乙算

你知道吗?

从《三国演义》中我们可以知道，太乙算还曾帮助诸葛亮运筹帷幄，决胜千里。在第63回里，有“亮夜算太乙数”。在同一回里，庞统也称：“统亦算太乙数……”这两位旷世奇才都使用过的“太乙数”就是太乙算。

（3）两仪算。

据《数术记遗》载，两仪算是“天气下通，地禀四时”，甄鸾注解为“刻板横为五道，竖为位，一位两珠，色青上珠，色黄下珠，其青珠自上而下，第一刻主五，第二刻主六，第三刻主七，第四刻主八，第五刻主九。其黄珠自下而上，第一刻主一，第二刻主二，第三刻主三，第四刻主四而已”。

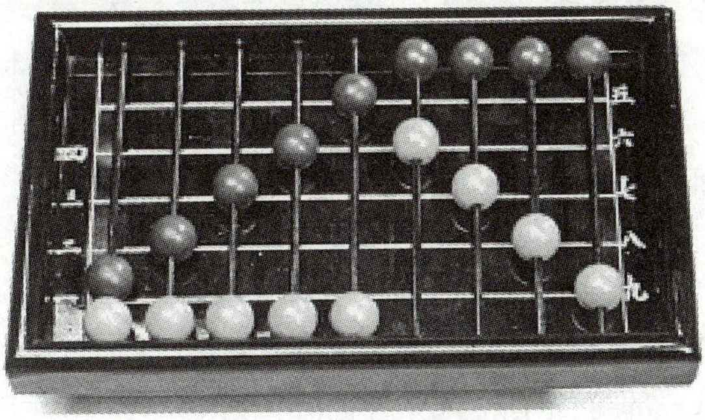

两仪算

（4）三才算。

三才算，《数术记遗》曰：“天地和同，随物变通。”甄鸾注解为：“刻板横为三道，上刻为天，中刻为地，下刻为人，竖为算位。有三珠，青珠属天，黄珠属地，白珠属人。又其三珠通行三道。若天珠，在天为九，在地主六，在人主三。其地珠，在天为八，在地主五，在人主二。人珠，在天主七，在地主四，在人主一。”

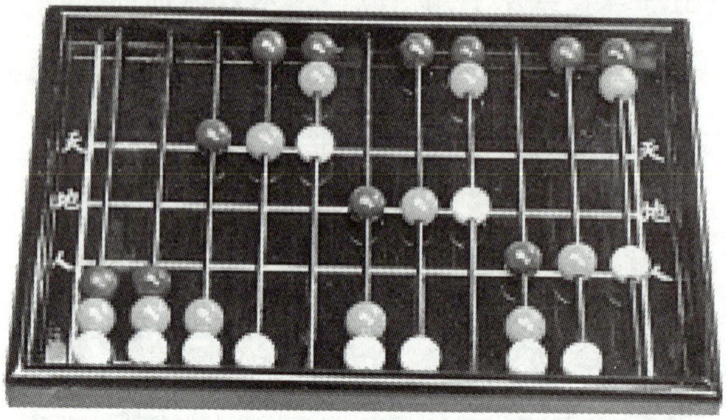

三才算

（5）珠算板（游珠算盘）。

据《数术记遗》载，珠算“控带四时，经纬三才”。甄鸾注解为：“刻板为三分，其上下二分，以停游珠，中间一分，以定算位。位各五珠，上一珠与下四珠色别。其上别色之珠，当其下四珠。珠各当一，至下四珠所领。故云控带四时。其珠游于三方之中，故云经纬三才也。”

游珠算盘

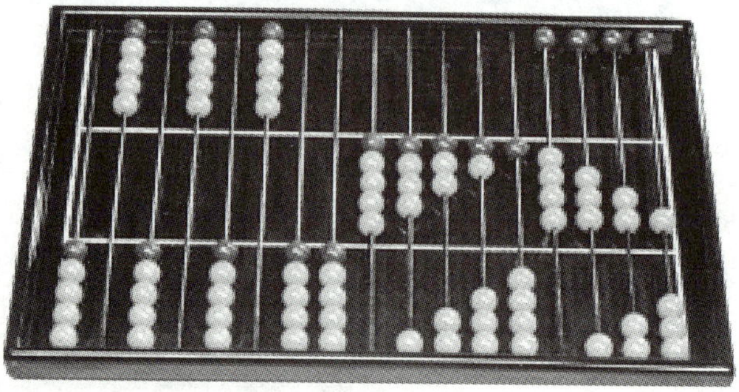

古代珠算板

2. 关于珠算起源的几种观点

珠算究竟起源于何时？由何人发明？至今研究者仍各执一词，众说纷纭。但大致有明代说、元代说、宋代说、唐代说和汉代说几种。

（1）明代说。

明代说的证据较为确凿。著名民间珠算大师程大位（安徽休宁人，1533—1606 年），著有《算法统宗》。这是一部全面阐述珠算理论和以算盘为工具进行实际运算的算学著作，其问世标志着珠算技术进入比较成熟的阶段。又如清初著名天文学家梅文鼎（安徽宣城人，1633—1721 年），在《古算器考》中说：“今用珠盘起于何时？曰：古书散变苦无明据，然以愚度之，亦起于明初耳。何以知之？曰：归除歌诀，最为简妙。此珠盘所恃以行也。然九章比类所载，句长而涩，盖即时所创。后人踵事增华及更简快耳。是书为钱塘吴信民作，其年、月、日可知考，而珠盘之来固不远。”此外，明代的笔记小说中大量出现

“算盘”字样，这说明算盘已成为人们日常生活中不可缺少的计算工具。

（2）元代说。

其根据有：

1）王振鹏的《乾坤一担图》。王振鹏，元初画家。《乾坤一担图》中有一货郎担，在后担内插有一把算盘，其梁、档、珠极为明显，同现代算盘一样。

2）元代末年陶宗仪在《南村辍耕录》中也有“算盘珠”一词并提到“拨之则动”之类的话语。

（3）宋代说。

其根据有：

1）巨鹿算珠。1921 年 7 月，河北省巨鹿县故城发掘出一批北宋大观二年（1107 年）因黄河改道、洪水泛滥而淹没的文物，其中有一颗算珠，木质，扁圆形，直径 2.11 厘米，有孔，与现代七珠大算盘的算珠基本相同，现由首都博物馆收藏。

2）《清明上河图》中的算盘图。这幅画是北宋名画家张择端所绘，现存于北京故宫博物院，其卷末赵太丞家药铺柜台上，绘有一把算盘，与现代七珠大算盘相同。

3）刘因（1249—1293 年）的《算盘》诗。宋末元初，有以算盘为题的诗，说明珠算已在宋代民间开始推行。刘因的《算盘》诗：“不作翁商舞，休停饼氏歌。执筹仍蔽簏，辛苦欲如何。”

（4）唐代说。

由宋代说的证据又引申出算盘源于唐代的观点。持唐代说的研究者认为，既然宋代已有算盘，且能入画，说明算盘已被普遍使用，这个过程如果不经过几十年甚至几百年是完不成的。如第一台电子计算机于 1946 年发明，至今被普遍使用也经历了半个多世纪的时间。

（5）汉代说。

主要依据是东汉徐岳撰写、北周甄鸾注解的《数术记遗》。《数术记遗》中提道：“珠算，控带四时，经纬三才。”甄鸾对此做了注解：“刻板为三分，其上下二分，以停游珠，中间一分，以定算位。位各五珠，上一珠与下四珠色别。其上别色之珠，当其下四珠。珠各当一，至下四珠所领。故云控带四时。其珠游于三方之中，故云经纬三才也。”

3. 珠算在古代的发展过程

珠算技术发展至今，经历了一个漫长的历史过程。经考古发现与现存史料分析可以看出它产生和发展的大体轮廓——源于商周，始于秦汉，臻于唐宋，盛于元明，且最迟在明朝开始逐步替代了其他计算方式、技术和计算工具，在计算领域中独领风骚，一直发展至今。

在我国西安岐山县发现的西周时期的 90 颗带色陶丸，据专家考证，是最早的计算工具之一，可证明珠算历史久远。

明代更是我国珠算发展的鼎盛时期。明代，珠算完全替代了其他算法，朝野上下都用珠算；珠算算法日臻完善，珠算图书大量出现。比较著名的珠算图书有：看图识字书《魁本对相四言杂字》（1371 年），是我国现存最早印有算盘图的书；吴敬的《九章算法比类大全》（1450 年）；王文素的《算学宝鉴》（1524 年），这是我国第一本珠算书；徐心鲁的《盘珠算法》（1573 年）；明代珠算家程大位的《算法统宗》（1592 年），其流传非常广，甚至还传到了国外。

明末，算盘被普遍采用，并由徽商传到了日本、朝鲜及东南亚各国，随后又传入巴西、美国等美洲国家。

清代珠算著作颇多，如清初数学家梅瑴成改编的《增删算法统宗》、手抄本《算法纂要》等。清末倡导维新，兴办学堂，在学校内笔算、珠算并重，并多次编出珠算教科书，使珠算由私相授受走向了正规教育。

综上可见，珠算和算盘是我国古代劳动人民在长期社会实践中的伟大创造，是我国创造的宝贵文化科学遗产。

（二）珠算的发展

当今，在电子计算器和电子计算机日益被广泛使用的情况下，算盘仍有其不可替代的计算功能。虽然计算器在乘、除、开方等运算时比珠算简便迅速，但在加减计算尤其是多位多笔加减运算方面，敲键就不如拨珠方便快捷。在金融、证券、会计、统计工作中，加减计算占相当大的比重，使用算盘有一定的优势。从教育方面看，珠算还具有教育功能、启智功能，对幼儿认识数字，从具体到抽象，逐步形成数的概念，有着重要的启蒙作用。从智力因素方面看，经常打算盘还能开发人的智力潜能，并锻炼持之以恒的意志力。同时，由于珠算具有简便易学、快捷灵活等特点，因此仍然是目前经济核算过程中最基本、最广泛使用的重要计算技术之一。

1. 中国珠算协会的成立

为弘扬民族文化，发展与提高珠算技术水平，使珠算更好地服务于经济建设，于 1979 年 10 月 31 日成立了全国性的珠算组织——中国珠算心算协会，并创办了国内外公开发行的《珠算》杂志，各省、自治区、直辖市也相继建立了珠协组织，积极开展珠算技术的普及、鉴定、比赛工作，并出版了相应的会刊杂志。

2. 全国性的珠算技术比赛

1980 年 10 月，在杭州举行了“全国珠算技术杭州邀请赛”。这是我国有史以来第一次全国性大型珠算比赛，揭开了珠算技术全国大汇报、大表演的序幕。

1981 年 9 月 12 日至 15 日在济南市举行了“全国首届珠算技术比赛”。

1982 年至 1989 年分别举行了“全国珠算技术郑州邀请赛”“全国珠算技术太原邀请赛”“全国珠算技术广州邀请赛”“全国珠算技术南昌邀请赛”。

1985 年 10 月在成都举行了“全国第二届珠算技术比赛”。

1990 年 12 月至 1991 年 9 月举行了“全国首届珠算科技知识大赛”。

1992 年 10 月在山东济南举行了“全国第三届珠算技术比赛”。

1993 年 5 月，中国珠算心算协会和台湾地区商业会共同主办了“海峡两岸首届珠心算通信赛”，此后每年举行一次。2020 年因为新型冠状病毒肺炎疫情未能举办，2021 年 4 月，照常举办了“第 29 届海峡两岸珠心算通信赛”。

1996 年 10 月 8 日，在山东潍坊举行了“首届世界珠算大会”，来自中国、日本、新加坡等 10 余个国家和地区的珠算团体组织以及一些大学的专家学者 600 余人参加了此次大会。

世界珠心算竞赛、世界珠心算大会每两年举行一次。2004 年 8 月 14 日，来自十几个国家和地区的 75 名青少年汇聚上海，参加了世界珠算心算联合会举办的第一届珠心算比赛。

你知道吗?

为凝聚世界珠算界的力量，共同建立相关制度促进珠算的再发展，2002 年 10 月 28 日，珠算界结合了包括中国、日本、韩国、美国、新加坡、马来西亚、东加王国、泰国、文莱、澳大利亚、加拿大、印度尼西亚、委内瑞拉等国家和地区五百名同好，在中国北京市的北京会议中心召开成立大会，正式成立了世界珠算心算联合会。

之后，世界珠算心算联合会于 2003 年 12 月 16 日在中国香港龙宝酒店召开世界珠心算鉴定标准和通信比赛办法研讨会，会中结合 8 月 8 日发音“啪”“啪”有如连续运珠的声音、8 月 8 日书写“8”“8”有如算珠相叠的形象等多重因素，与会各国代表共同议定每年 8 月 8 日为“世界珠算日”。

2005 年 10 月 29 日，世界珠算心算联合会第二届会员大会在江苏南通市珠算博物馆召开。

2007 年 8 月，世界珠算心算联合会第二届珠心算比赛在深圳闭幕。来自中国、澳大利亚等 11 个国家和地区的 35 260 余人出席参加，其中参赛年龄最小的选手只有 6 岁。该比赛由世界珠算心算联合会主办，中国珠算心算协会承办，深圳市财政局协办，比赛分选手组、小学生 A 组、学生 B 组、学前 A 组、学前 B 组共 5 个组别。

2009 年 8 月 15 日—17 日，第三届世界珠算大会暨少儿珠算比赛在天津塘沽举行。

2009 年 8 月 17 日，世界珠算心算联合会（以下简称世珠联）第三届会员大会在天津落幕。来自中国、日本、韩国、马来西亚、新加坡、美国、印度尼西亚等 9 个国家和地区的 32 个会员组织的近 300 人出席了此次会议。

会议选举产生了世珠联第三届理事会及其常务理事会。理事会由中国、日本、汤加、韩国、马来西亚、新加坡、美国、印度、印度尼西亚、文莱等国家和地区的 46 个理事会员单位的法人代表组成。理事会选举产生了由中国、日本、韩国等 9 个国家和地区的 10 位常务理事组成的世珠联第三届常务理事会。

2012 年 8 月 13 日，世界珠算心算联合会第四届珠心算比赛在济南举行。来自各个国家和地区的 29 个代表队的 350 多名代表参加了本次比赛。

2014 年 7 月，由世界珠算心算联合会主办、中国珠算心算协会承办、北京市财政局协办的世界珠算心算联合会第四届会员大会暨第五届世界珠心算比赛交流活动在北京举行。解放军珠心算队代表中国国家队，与来自美国、日本、韩国、新加坡、马来西亚、印度尼西亚等国家和地区的 22 支代表队的 150 多名选手激烈角逐，最终夺得选手组、学生 A 组团体冠军，实现世界比赛 5 连冠，并包揽选手组个人全能前 4 名。

2016 年 7 月 28 日，世界珠算心算联合会第六届珠心算比赛在中国香港举行。参加比赛的 213 名选手来自中国、日本、韩国、马来西亚、美国、印度、印度尼西亚、黎巴嫩等 10 个国家和地区的 24 个会员单位 53 支代表队，包括领队和教练，总计 342 人。

2018 年 8 月 16 日，世界珠算心算联合会第五届会员大会暨第七届珠心算比赛，在印度尼西亚万隆举行。来自中国、美国、加拿大、黎巴嫩、印度、日本、印度尼西亚等国家和地区的 300 余位选手参加了选手组、学生 A 组、学生 B 组及学前组四个组别的角逐。

在国际交往中，我国的珠算技术在国际上受到重视。目前，我国的珠算技术比赛已有了自己的体系和标准。通过比赛，我国珠算技术水平得到了提高，在许多项目上，我国的珠算技术水平已超过日本，居世界领先地位。

财政部财会函〔1985〕60 号文件将《全国珠算技术等级鉴定标准》作为考核会计人员珠算水平的标准，我国的珠算技术水平从此有了“国家标准”。自 1986 年 7 月 1 日起，在全国范围内开始按照《全国珠算技术等级鉴定标准》进行等级鉴定，并具体规定，凡担任会计专业职务的人员，达到普通五级才为珠算技能合格。这对于提高全国会计人员、各类财经专业人员的珠算技能和业务素质都具有重要意义。

三、珠算的功能

（一）计算功能

计算功能是珠算的最主要的功能。

（1）算盘的特点是“五升十进”，可省略“0”、“.”（小数点）、“+、－、×、÷”运算符号、“=”（等于号）等，尤其是加减法运算优于计算器，算盘拨数入盘是从左到右的直线动作，而计算器的数字输入大都为迂回动作。如：算盘拨“7,391”入盘很方便，而计算器输入“7,391”时却要做两次对角线交叉敲键动作。

（2）算盘可用空档表示“0”，即不用拨珠；如：算盘拨“270,000”入盘，只需在+6档与+5档拨入 27 即可，拨珠两次，后面的四个“0”均可用空档表示，而不用拨珠，而计算器输入“270,000”必须要输入后面的四个“0”，敲键六次方可。

（3）算盘是珠动数出，而计算器在运算时必须要敲“+、－、×、÷”运算符号键及“=”（等于号）键才能得出答数。

（二）教育功能

算盘是培养儿童数字观念的良好教具，它的效果要好于数手指、数木棒或画点。算珠是一个实体，每颗下珠为“1”，形象直观，每颗上珠为“5”，虽然抽象，但有横梁“界碑”隔开，这又与单纯的抽象数码不同，容易为儿童所接受。用珠算教算术有许多捷径，例如学加法的同时可以学会减法，学乘法的同时也可以学会除法。学生学得快，可节省教学时间。学珠算的同时，可以加上脑算（心算），实行珠算与脑算相结合，通过脑算而逐渐增强儿童的记忆能力。同时，儿童由于珠算水平的提高而增强了自信心，对其他学科的学习以及生活上的反应都显示出迥然不同的积极性来。因此，20 世纪 70 年代，美国在中小学中普遍使用计算机和计算器实验失败后，不得不将珠算当作“新文化”引进。

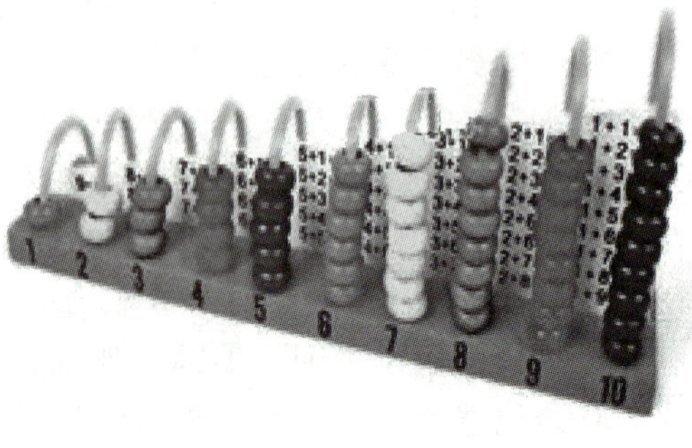

（三）启智功能

我国已故珠算学专家华印椿对常州市、无锡市、连云港市部分小学生所做的调查结果表明，打算盘使学生脑子灵活、聪明，凡是珠算成绩好的学生，其他课程也是班上的“尖子”。打算盘要求既准又快，要达到“快”，就必须有高频率的手指活动；要达到“准”，就要求有高度集中的注意力，所以，学习珠算是发展智力的有效途径。“心灵则手巧”“手巧则心灵”，这是相辅相成的。

对珠算有研究的日本大阪市立大学名誉教授中修三博士也曾做出结论：如果要培养出智力超群、头脑聪明的孩子，那就必须让他经常锻炼手指，由于手指的活动刺激脑髓中的中枢神经，因而使孩子的智力迅速提高。同时，打算盘不但要用指尖拨动算珠，还要用眼睛去认数、用脑力去记数。打算盘能促进脑力发展，保持大脑的灵活，有效地延缓衰老，增进健康，延年益寿。

珠心算是训练儿童动手能力、开发儿童智力潜能的良好方法。儿童学习珠心算有以下四大好处：

（1）符合儿童听觉、视觉的发展和运动规律。

儿童的特点是好奇心强、认识事物直观。学习珠心算时，算盘这种具体、直观、形象的计数工具对初学的儿童来说，既是教具，又是学具，还是玩具。当他们接触到算盘时，珠拨则数出，珠动则数变，好似做游戏，有较强的吸引力，可以培养起浓厚的学习兴趣。同时，算盘示数、记数简单，它以珠学数，以档定位，层次分明；加中有减，减中有加，乘除互逆，算理算法清晰明了，儿童易学好记。此外，珠心算教育中耳听、眼看、口读、手动、记数报数和数珠互译等动作，都符合儿童听觉、视觉的发展和运动规律，因而容易被儿童接受。

（2）启发儿童学习的积极性和主动性。

儿童的另一特点是好动、好胜。学习珠心算时，儿童时而读数、报数，时而打算盘，时而听算、看算，时而报出结果，还穿插分组竞赛，看谁报数快、算得准，使儿童始终处于积极的思维状态和学习的主动地位。珠心算这种符合儿童特点的教育方法，可启发儿童学习的积极性和主动性，能让他们在动中学，开发了大脑机能，变得更加聪慧。

（3）锻炼大脑的同时提升快速反应能力。

我国各地珠心算教育的实践证明，学习珠心算的儿童与未参加学习的儿童，大脑的灵敏程度有显著差别。学习珠心算的儿童，计算的快速性、观察的瞬时性、记忆的牢固性、想象的丰富性均优于其他儿童。

（4）培养良好的情感，增强传统文化自信。

儿童在学习珠心算时，不但可以了解我国的历史文化，产生民族的自豪感与自信心，从而进一步增强我们的传统文化自信，而且可在学习时养成认真、严谨、不怕吃苦的学习习惯。

此外，珠算还具有理财功能、竞赛功能、度量人的素质功能等。它是开发智力、进行素质教育的有效工具和简捷途径之一。

四、学习珠算的要点

（一）掌握计算的技能、技巧

学习珠算，必须理解珠算的知识、理论并勤加练习，掌握看数、拨珠、定位、写数、清盘等，并将其综合为统一的技巧，基础要扎实，达到正确无误后，再灵活地选择简捷算法，化繁为简，以达到计算“稳、准、快”的目的。

（1）“稳”：就是一次算对，要求打得正确、稳定。

（2）“准”：就是看数、计算、写数都要准确无误。

（3）“快”：就是拨珠动作敏捷灵活，运算快速，写数也要既规范又快速，清盘也要快，实现时间短、效率高。

“稳”与“准”的要求是绝对的，这是质量。“快”的要求是相对的，这是数量。

练习珠算，要在稳和准中求快，快必须稳、准。既要稳、准又要快，缺一不可。绝不可为快而快，一定先要在“准”字上下功夫。要在持久练习保证质量的前提下再追求数量。

（二）勤学苦练基本功

（1）看数与写数准确。

（2）心算、珠算紧密结合。

（3）拨珠方法必须正确无误。

（4）算法：

1）加减是基础，乘除是关键，应先练加减，后练乘除，加减得心应手后，乘除方能迎刃而解。

2）先练基本算法，再练简捷算法。

（5）重视定位。

（6）苦练加巧练。

综上，学习珠算的方法可简单归纳为16个字：正确拨珠、用好口诀、苦练巧练、重视定位。

五、算盘的结构

算盘由边（框）、梁、档、珠、清盘器、记位点和垫脚所组成，具体见图3－1、图3－2。

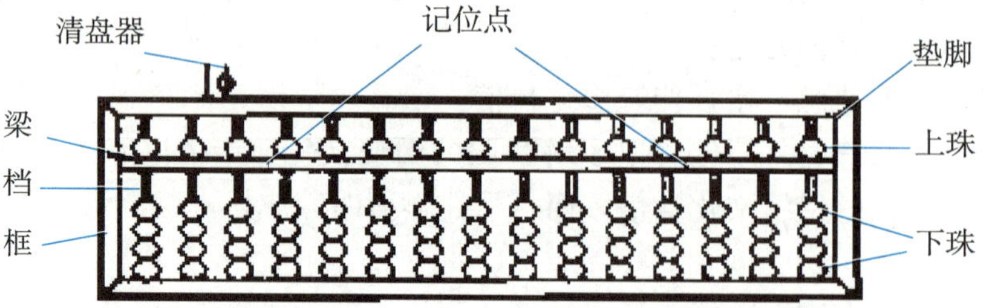

图3－1　菱珠小算盘

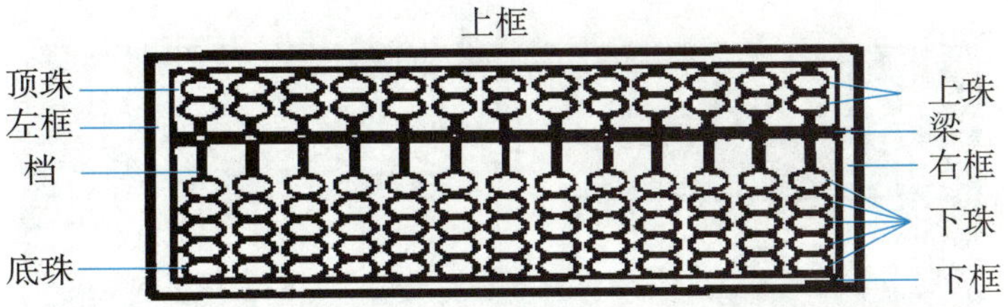

图 3-2　七珠大算盘

六、算盘的种类

算盘可分为菱珠小算盘、菱珠中型改良算盘、圆形七珠大算盘，见图 3－3、图 3－4、图 3－5、图 3－6。

图 3-3　菱珠小算盘（不带清盘器）

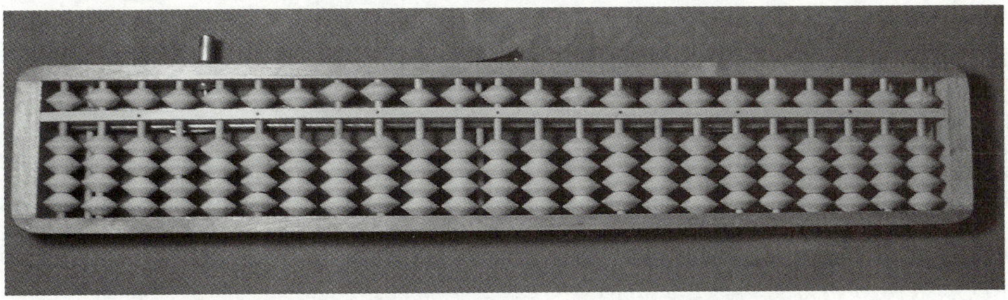

图 3-4　菱珠小算盘（带清盘器）

图 3-5　菱珠中型改良算盘

图 3-6　圆形七珠大算盘

七、算盘的特点

（一）以档记位

算盘以档表示数位，前一档是后一档的 10 倍，后一档是前一档的 1/10。

（二）以珠代数

算盘以靠梁的算珠表示数，上珠以一当五，下珠以一当一。上珠 5 与下珠 1、2、3、4 分别组成 6、7、8、9。本档无靠梁的算珠则表示 0。

（三）五升十进制

即以一颗上珠代表 5，不用五颗下珠表示 5；本档满十时应向前一档进一。

（四）二元示数

算珠靠梁、靠框均表示数叫二元示数。即靠梁的算珠表示一个数，而靠框的算珠同时也表示另一个数（靠框的算珠末位加 1 则表示靠梁算珠的补数）。

八、看数与记数方法

要求：分节看数、分节拨珠，看数和拨珠密切配合；只读数字，不读出数位名；看数、计算不出声。

项目小结

本项目概括地介绍了珠算的含义、珠算的起源与发展、珠算的功能、学习珠算的要点，以及算盘的结构、种类、特点等，使学生懂得学习珠算技能的重要性和必要性，以明确学习目的。

巩固练习

1. 珠算在哪一年被列入《世界非物质文化遗产名录》？
2. 了解珠算的起源与发展。
3. 中国珠算心算协会成立于哪年？
4. 首届世界珠算大会的召开时间是什么？召开地点在哪里？
5. 如何学习好珠算？

6. 珠算的功能有哪些?

项目二 珠算拨珠指法

一、打算盘的姿势

打算盘要有正确的姿势、清盘及握笔方法。

(一) 姿势

打算盘姿势的正确与否直接影响运算的准与快。因为眼、脑、手要并用，配合要默契，动作要连贯，所以打算盘时，身要正，腰要直，肘和腕离开桌面，头稍低，要求视线落在算盘与练习题交界处，运算时靠视觉转移看数拨珠，不能摆头。具体要求如下所述。

1. 坐的姿势和高度

打算盘时，坐的姿势要端正，两脚平放，头稍微往前一些，胸部离桌沿 10cm 左右，坐的凳子高度要适中，眼睛距桌面 25cm 左右；身体与桌沿的距离约 10cm，两臂均放在桌上。

2. 算盘的摆放位置

算盘平放在桌面身前正中的位置（离桌沿 8～10cm)，并与桌沿基本平行；算盘的中心部位与身体中心线一致。

用小算盘运算，计算资料放在算盘底下，边计算边推（拉）资料，始终使算题与算盘保持适当距离，从而避免漏算、重算或错算数字，并且这样做能加快计算速度，保证计算质量。

3. 手指与盘面的距离

手指与盘面的距离以 0.5～1.5cm 为宜。若过低，则在运算中会产生带珠；若过高，则会发生手指上下跳动拨珠，影响拨珠速度。

4. 手臂弯曲的角度

手臂与算盘平面的角度以 20°～30°为宜，上臂与下臂弯曲度以 80°较好，便于手指运算时左右移动，小臂肘应稍离开桌面（自然放松），打算盘时肘部摆动的幅度不宜过大。

5. 手指与算盘的角度

打算盘时，要做到指不离档，手指与盘面的角度一般以 45°～60°为宜。

综上，可将打算盘的坐姿归纳为八字：头正、身直、臂开、足安。

(二) 清盘

在每次置数运算之前，要使算盘上的所有算珠都离梁靠框，使全盘成为空盘，该过程叫清盘（见图 3-7)。

图 3-7 清盘

清盘的方法根据所使用的算盘而定。

带清盘器的算盘用左手中指（或无名指）按清盘器清盘。无清盘器的算盘，可用左手拇指、食指合拢在算盘梁上从左向右轻轻滑动，使上、下珠离梁靠框；或右手从右向左轻轻滑动，使上、下珠离梁靠框，右手清盘方法依据拨珠指法的不同而不同。

三指拨珠法可用右手拇指和中指合并捏成钳形，沿算盘横梁上、下两侧从右向左迅速移动，依靠手指对算珠的推弹力，使算珠离梁靠边，两指用力要均匀适当，做到指过盘清。

两指拨珠法可用右手拇指和食指合并捏成钳形，动作基本与上述拇指、中指动作相同。

（三）握笔方法

方法 1：将笔横握于右手掌心，用无名指和小指夹住笔杆，笔杆的上端伸出虎口，笔尖露于小指外，无名指与小指自然蜷向掌心，只露出大拇指、食指与中指三个手指，便于三指拨珠运算。将笔竖直即可写数，将笔复回原位又可拨珠运算（见图 3-8）。

方法 2：小指与无名指同时蜷向掌心并握住笔杆靠近笔尖处，笔杆的另一端置于虎口处，露出大拇指、食指与中指三个手指，便于三指拨珠运算（见图 3-9）。

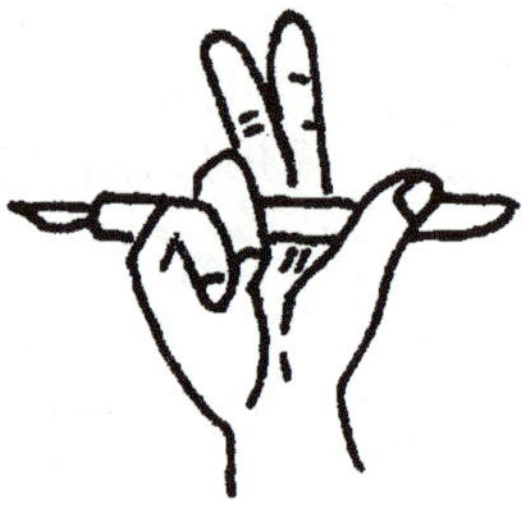

图 3-8

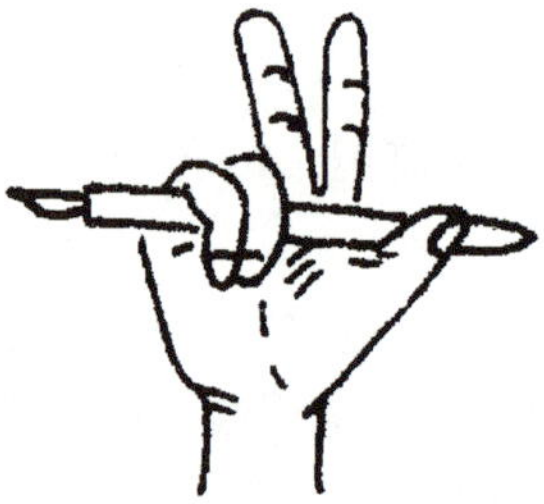

图 3-9

二、珠算拨珠指法分类

珠算拨珠指法有两大类：一类是单手拨珠，有三指拨珠法、两指拨珠法；另一类是双手拨珠法，即双手四指拨珠法（左右手均用大拇指与食指进行拨珠）。我们重点学习三指拨珠法。

三、珠算的三指拨珠法

一般是用右手的大拇指、食指、中指三个手指来进行拨珠运算。

三指拨珠法的优点是适用面较广，既适用于传统的圆形七珠大算盘、菱珠中型改良算盘，也同样适用于菱珠小算盘，其最明显的优势是“双合”、“双分”、“三指进位”（“右分左托”）、“三指退位”等拨珠动作的速度要远远高于只用大拇指、食指拨珠的两指拨珠法。

（一）单指独拨（单指分工）：大拇指、食指、中指单独拨珠

（1）大拇指：托下珠靠梁＋1、＋2、＋3、＋4，见图 3-10。

（2）食指：拨下珠离梁－1、－2、－3、－4。

（3）中指：拨上珠靠梁＋5；挑上珠离梁－5，见图 3-11。

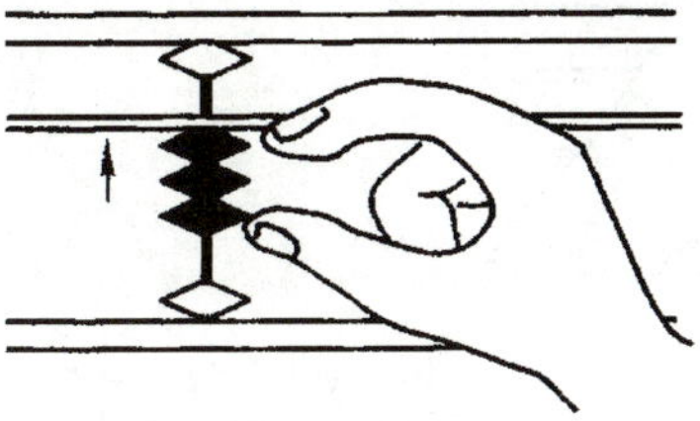

图 3-10

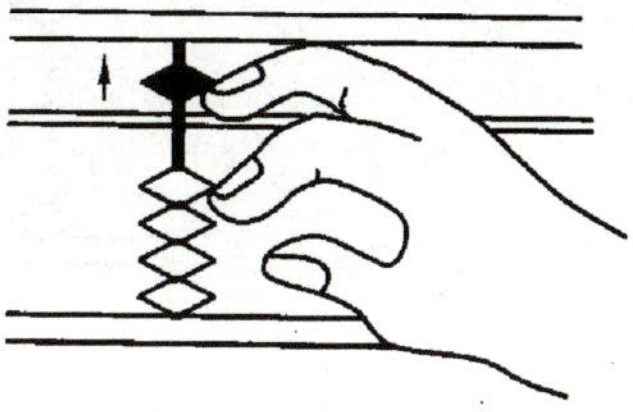

图 3-11

使用菱珠小算盘，拨珠时应该用手指的指尖拨算珠的刃边，动作要求轻巧。

（二）两指联拨

1. 大拇指、中指联拨

（1）双合：＋6、＋7、＋8、＋9（见图 3-12）。要求大拇指、中指同时托下珠与拨上珠靠梁。

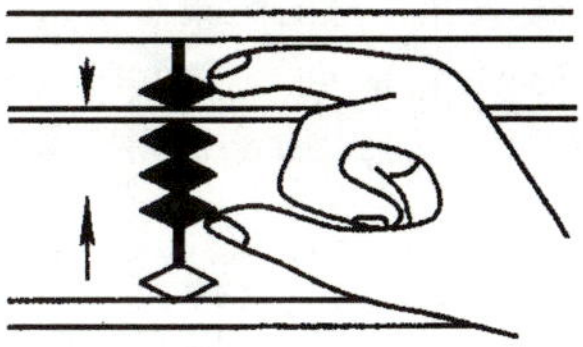

图 3-12

（2）斜合（前后合）：＋15、＋25、＋35、＋45。要求先用大拇指托下珠靠梁，后用中指拨上珠靠梁，或前后同时拨珠也可。

（3）双上（下托上挑）：要求先用大拇指托下珠靠梁，后用中指挑上珠离梁。“破五减法”均用此指法。如 5－1、5－2、5－3、5－4、6－2、6－3、6－4、7－3、7－4、8－4 等，均用双上指法拨珠。也可大拇指、中指同时向上拨珠（见图 3-13）。

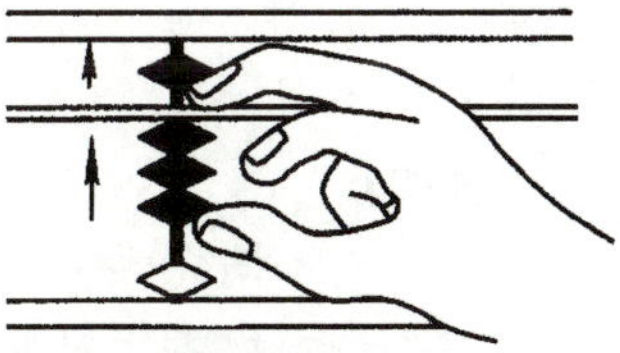

图 3-13

例如：

5,555－1,234＝4,321；

666－234＝432；

778－344＝434。

2. 食指、中指联拨

（1）双分：如－6、－7、－8、－9。要求必须先用食指拨下珠离梁，后用中指挑上珠离梁，先后顺序不能错。见图 3-14。

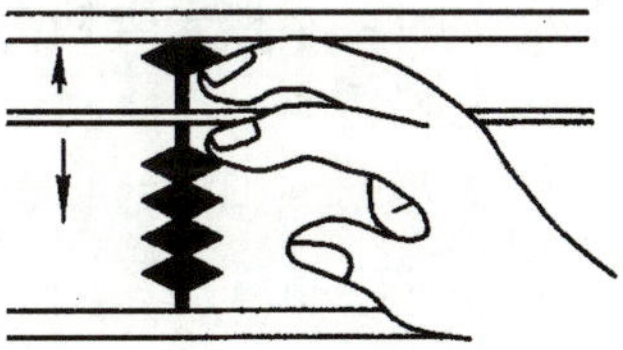

图 3-14

（2）斜分（前后分）：如－15、－25、－35、－45。要求先用食指拨前一档下珠离梁，再用中指挑后一档上珠离梁。

（3）双下（双拨）：“补五加法”均用此指法。如 4＋1、4＋2、3＋2、3＋3、4＋3、4＋4、1＋4、2＋4、3＋4 等，要求先用中指拨上珠靠梁，后用食指拨下珠离梁，也可中指、食指同时向下拨珠，见图 3-15。

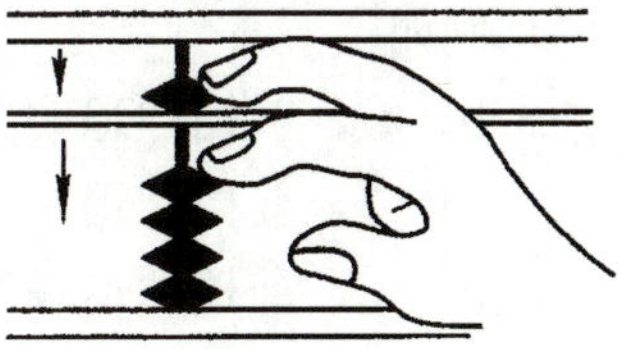

图 3-15

例题如下：

4,321＋1,234＝5,555；

4,444＋1,234＝5,678。

3. 大拇指、食指联拨

（1）扭进：如 4＋6、3＋7、4＋7、2＋8、3＋8、4＋8、1＋9、2＋9、3＋9、4＋9 等，要求先用食指减去其补数，后用大拇指托前一档下珠“1”进位，属进十加法的指法。见图 3-16。

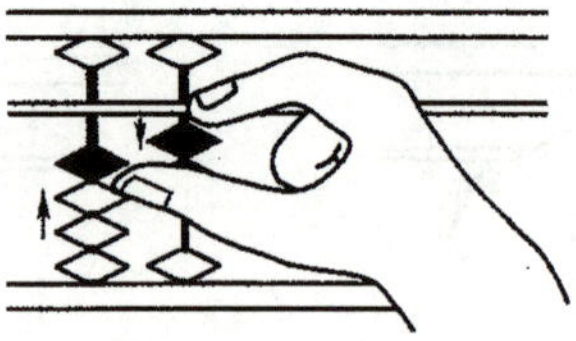

图 3-16

例如：

4,321+6,789=11,110。

(2) 扭退：如 10−6、10−7、10−8、10−9，要求先用食指减去前一档下珠“1”，后用大拇指托后一档下珠靠梁，属于退十减法的类型。见图 3-17。

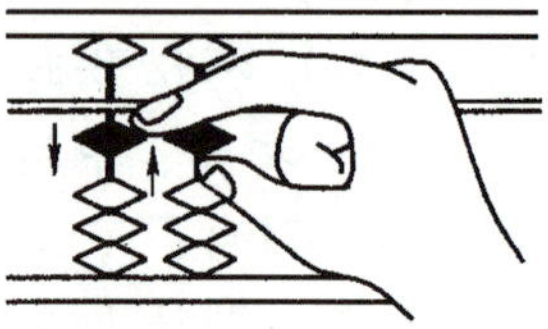

图 3-17

例如：

10,110−6,789=3,321。

(三) 三指联拨

1. “三指进位”（“右分左托”）

如 6+4、7+3、8+2、9+1 等，要求先用食指与中指双分（先减 1，后挑 5……），后用大拇指托前一档下珠靠梁（进位）。见图 3-18。

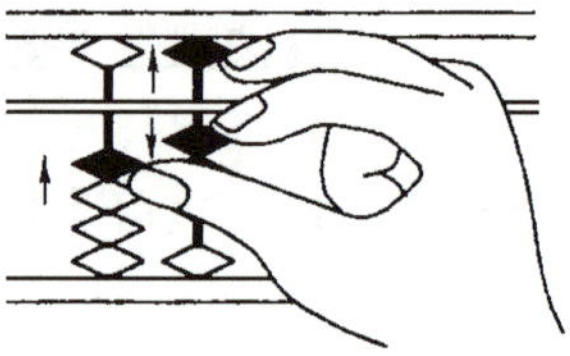

图 3-18

例如：

6+4，本档先去补 4 的补数为 6，即双分−6，前档进一；

7+3，本档先去补 3 的补数为 7，即双分−7，前档进一；

8+2，本档先去补 2 的补数为 8，即双分−8，前档进一；

9+1，本档先去补 1 的补数为 9，即双分−9，前档进一。

又如：

6,789+4,321=11,110。(属于进十加法的类型)

2. “三指退位”

如 10−4、10−3、10−2、10−1 等，要求先用食指减前一档下珠“1”离梁（即“退一”），后用大拇指、中指“双合”加补数。

例如：

10−4，前档“退一”，本档加“6”；

10−3，前档“退一”，本档加“7”；

10−2，前档“退一”，本档加“8”；

10−1，前档“退一”，本档加“9”。

又如：

11,110−4,321=6,789。(属于退十减法的类型)

项目小结

本项目介绍了打算盘的姿势，重点介绍了珠算的三指拨珠法，以使学生掌握打算盘正确的姿势与规范的拨珠方法，为快速计算奠定良好的指法基础。

巩固练习

1. 数字书写练习。

2. 拨珠指法练习——“横式拨”练习（17 档算盘在 40 秒内完成为及格）。

要求：身体坐正略前倾，两臂均放于桌上，两脚平放在地上，握笔拨珠，在拨珠过程中不要左右摆头，只是眼神随着拨珠动作左右来回动。

大拇指：先从左到右用大拇指拨每一档的一颗下珠靠梁，再从右到左拨每一档的一颗下珠靠梁，然后再从左到右、从右到左重复一遍，直至所有下珠均已靠梁为止。

食指：先从左到右用食指拨每一档的一颗下珠离梁，再从右到左拨每一档的一颗下珠离梁，然后再从左到右、从右到左重复一遍，直至所有下珠均已离梁为止。

中指：先从左到右用中指拨每一档的上珠靠梁，然后再从右到左用中指挑上珠离梁。

3. 拨珠指法练习——“竖式拨”练习（17 档算盘在 40 秒内完成为及格）。

要求：同“横式拨”，不同的是，“横式拨”是一排一排地拨珠，“竖式拨”是一档一档地拨珠。

先从左到右用大拇指拨每一档的每一颗下珠都靠梁后再用中指拨同一档的上珠靠梁，然后再从右到左先用食指拨每一档的每一颗下珠离梁，后用中指挑每一档的上珠离梁，直至最左一档算珠拨完成为空盘为止。（注：每次只拨一颗下珠，不能一次拨四颗下珠同时靠梁。）

4.“打定数”练习：

（1）累加 1 练习（1 分钟加至 260 为及格）。

（2）累加 2 练习。

（3）累加 3 练习。

5. 指法操练习：

要求：尽量拨满算盘全档，左右来回拨珠。

（1）单指独拨：

+1……、−1……；+2……、−2……；+3……、−3……；+4……、−4……；+5……、−5……。

+1……、+3……；−3……、−1……。

+3……、+1……；−1……、−3……。

+2……、+2……；−2……、−2……。

（2）双合、双分练习：

+6……、−6……；+7……、−7……；+8……、−8……；+9……、−9……。

+9……、−6……；+6……、−7……；+7……、−8……；+8……、−9……。

+8……、−6……；+6……、−7……；+7……、−8……。

+7……、−6……；+6……、−7……。

（3）双上、双下练习：

+5……、−1……；+1……、−2……；+2……、−3……；+3……、−4……。

+4……、−1……；（此时盘面为 4）。

+2……、−2……；+3……、−3……；+4……、−4……；+1……、−5……；（空盘）。

+3……、+4……；−4……、−3……；（空盘）。

+2……、+4……；−4……、−2……；（空盘）。

+1……、+4……；−4……、−1……；（空盘）。

（4）扭进、扭退练习：

从算盘左边第二档开始拨珠，拨满全档。

+4……、+6……、−6……；+7……、−7……；+8……、−8……；+9……、−9……。

（5）右分左托练习：（6、7、8、9 的进位）

从算盘左边第二档开始拨珠，拨满全档。

+6……、+4……、−4……、−6……；

+7……、+3……、−3……、−7……；

+8……、+2……、−2……、−8……；

+9……、+1……、−1……、−9……；

+9……、+4……、−4……、+3……、−3……、+2……、−2……、+1……、−1……。

项目三　珠算基本加减法

珠算基本加减法，即珠算加减法的基本运算方法，就是两个数相加（或相减）的基本方法。它是乘除运算的基础，应用非常广泛，所以熟练掌握珠算加减法，对于全面掌握珠算技术和提高工作效率都具有十分重要的意义。

珠算加法与减法互为逆运算，从方法上二者是对立的，但在实际运算中又是统一的。因为，珠算加法中包含着减法的运算，而珠算减法中也包含着加法运算，无法将这两种运算截然分开，因此应同时进行珠算加法与减法的学习。

一、珠算加减法的运算规则

（1）定位，选好个位档（即任选一记位点为小数点或个位），见图 3－19。

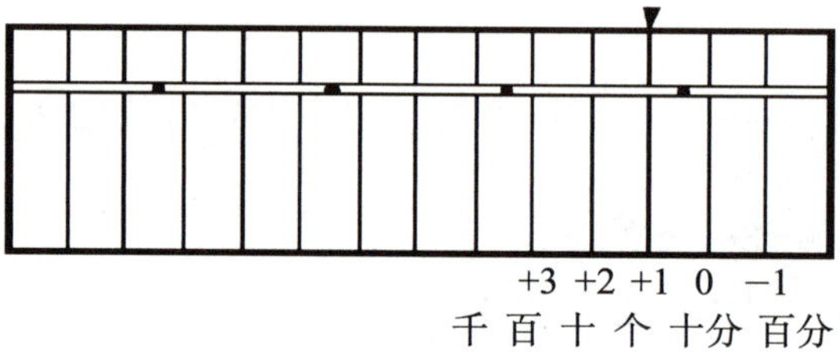

图 3－19

如果把记位点当作“小数点”，则其左一档就是个位档（+1 档），还有一种算盘的记位点是在梁与档的交叉点处，则直接将该记位点档当成个位档（+1 档）。

（2）数位对齐，相同数位相加（或相减）。

（3）从左到右（从高位到低位）依次相加（或相减）。

（4）加法符合交换律，即 A+B=B+A（先拨哪个数入盘均可，不影响计算结果）。

二、珠算加减法的基本运算方法

基本运算方法有口诀加减法、无诀加减法。

（一）口诀加减法

即运用加减口诀指导拨珠来进行加减运算。

（二）无诀加减法

即不用口诀进行加减运算，需熟练掌握“5”的组成与分解、“10”的组成与分解，即“凑数”“补数”的相关知识。

小知识

口诀加减法

口诀加减法的定型与完善是在明代，徐心鲁编写的《盘珠算法》中给出了完整的加减法口诀，当时称为“上法诀”和“退法诀”。明末，程大位在《算法统宗》中对珠算法进行了优选与规范，其规范的算法一直沿用至20世纪初。

口诀加减法的口诀可分为四小类：直加、直减口诀；补五加、破五减口诀；进十加、退十减口诀；破五进十加、退十补五减口诀。

三、基本加减法的分类与运算方法

基本加减法分为：不进位加法、不退位减法；进位加法、退位减法。将这两种方法细分为两个任务分别进行讲解。

任务一　不进位加法与不退位减法

一、直接加、直接减

口诀加减法：

（1）直接加：“一上1，二上2……九上9”（中文小写数字表示加数，阿拉伯数字表示拨珠数）。

（2）直接减：“一去1，二去2……九去9”（中文小写数字表示减数，阿拉伯数字表示拨珠数）。

若用无诀加减法，则为：

加看外珠，够加直加；减看内珠，够减直减。

外珠：即离梁靠框的算珠。

内珠：即靠梁的算珠。

例 1　256＋631＝887（见图3-20）。

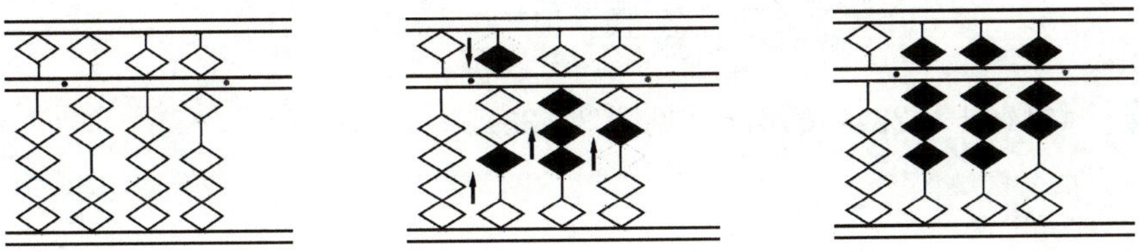

图3-20

例 2　887－631＝256（见图 3－21）。

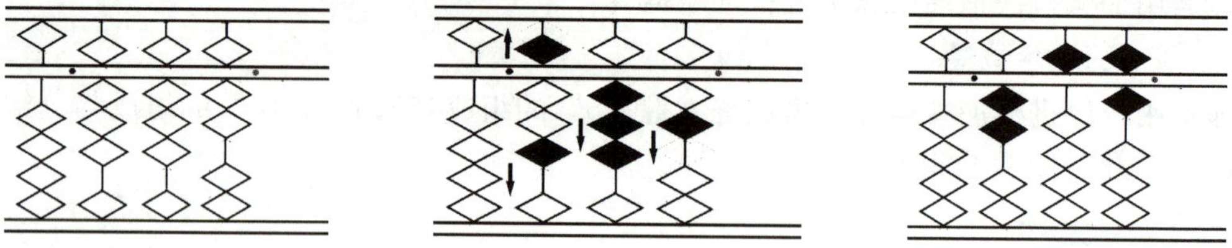

图 3－21

随手练

“直接加、直接减”习题：

(1) 1,615＋6,374＝
(2) 1,525＋2,374＝
(3) 2,132＋2,367＝
(4) 3,092＋5,806＝
(5) 407.08＋542.91＝
(6) 7,849－6,327＝
(7) 6,287－5,176＝
(8) 86,769－75,654＝
(9) 798.36－647.25＝
(10) 9,687－7,125＝

二、补五加、破五减

（一）补五加（双下指法）

例如：

4＋1	口诀：一下 5 去 4；
3＋2、4＋2	口诀：二下 5 去 3；
2＋3、3＋3、4＋3	口诀：三下 5 去 2；
1＋4、2＋4、3＋4、4＋4	口诀：四下 5 去 1。

（注：中文小写数字表示加数，阿拉伯数字表示拨珠数。）

例 3　4,321＋1,234＝5,555（见图 3－22）。

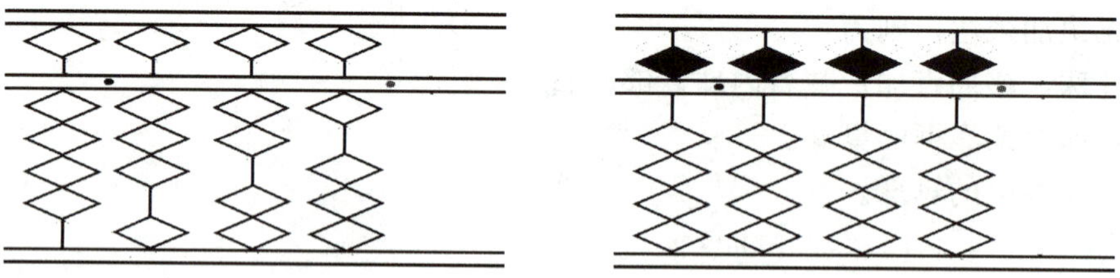

图 3－22

例 4　4,444＋1,234＝5,678（见图 3－23）。

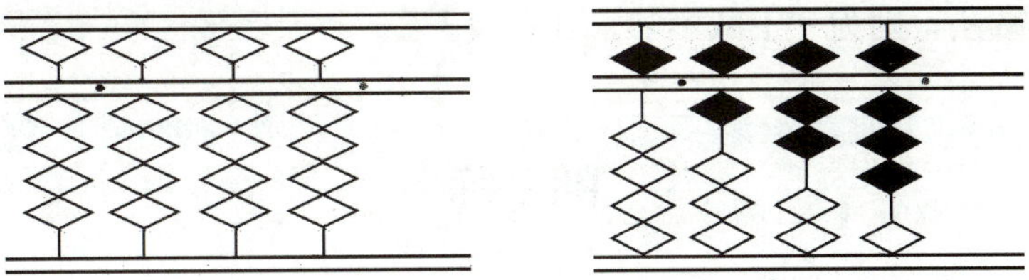

图 3-23

例 5　4,234+1,423=5,657（见图 3-24）。

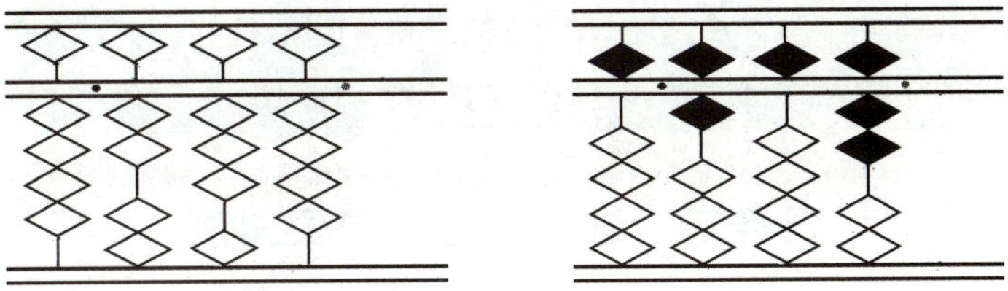

图 3-24

若用无诀加减法，则为“下加不够，加 5 减凑”。

“凑”，即“凑数”，两个数的和为 5，则这两个数互为凑数。如 1 与 4、4 与 1、2 与 3、3 与 2，它们互为凑数。

（二）破五减（“双上”指法或“下托上挑”）

例如：

5－1　　口诀：一上 4 去 5；

5－2、6－2　　口诀：二上 3 去 5；

5－3、6－3、7－3　　口诀：三上 2 去 5；

5－4、6－4、7－4、8－4　　口诀：四上 1 去 5。

（注：中文小写数字表示减数，阿拉伯数字表示拨珠数。）

例 6　5,555－1,234=4,321（见图 3-25）。

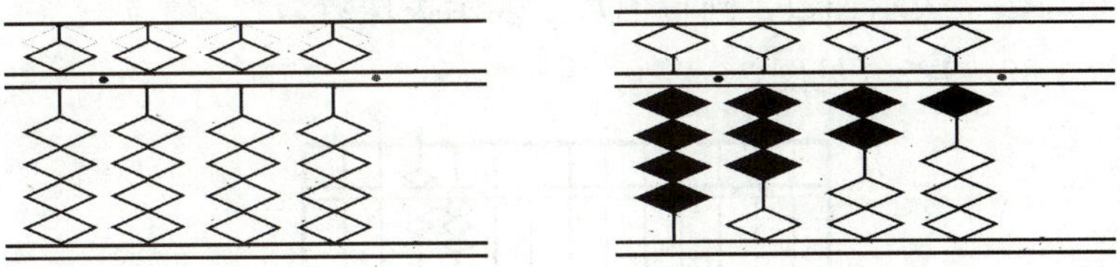

图 3-25

例 7　5,678－1,234=4,444（见图 3-26）。

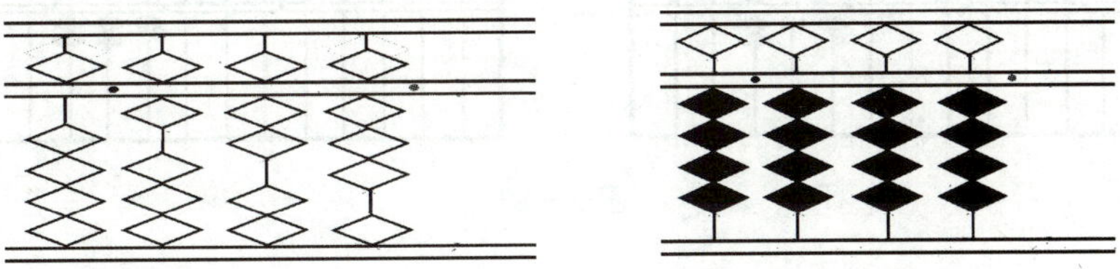

图 3-26

若用无诀加减法，则为“下减不够，加凑去5”。

随手练

“补五加、破五减”习题：

(1) 3,241+2,434=

(2) 1,324+4,343=

(3) 4,132+2,434=

(4) 3,142+3,423=

(5) 413.22+342.43=

(6) 7,865−3,421=

(7) 6,587−3,243=

(8) 86,765−43,423=

(9) 768.56−424.32=

(10) 5,687−3,243=

任务二　进位加法与退位减法

一、进十加、退十减

（一）进十加（进位加）

例如：

9+1	口诀：一去9进1；
8+2、9+2	口诀：二去8进1；
7+3、8+3、9+3	口诀：三去7进1；
6+4、7+4、8+4、9+4	口诀：四去6进1；
5+5	口诀：五去5进1；
4+6	口诀：六去4进1；
3+7、4+7	口诀：七去3进1；
2+8、3+8、4+8	口诀：八去2进1；
1+9、2+9、3+9、4+9	口诀：九去1进1。

（注：中文小写数字表示加数，阿拉伯数字表示拨珠数。）

例1　37+85=122（见图3-27）。

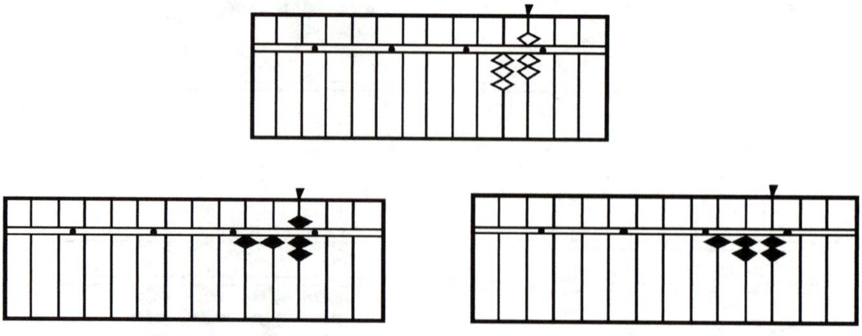

图3-27

例2　987,654,321+123,456,789=1,111,111,110。

运算步骤：

（1）确定个位档。可将算盘右边的第三档作为个位档。

（2）拨被加数 987,654,321 入盘，如图 3-28 所示。

图 3-28

（3）从最高位（正 9 位）开始，从左至右每一位依次逐个相加，“9＋1”的拨珠动作为“本档满十，去补进 1”，即“一去 9 进 1”，其拨珠动作为三指进位，即“右分左托”，右一档用食指与中指“双分”去 9，左一档用拇指托 1 颗下珠靠梁（进 1）。

（4）从正 8 位做“8＋2”，拨珠动作为“本档满十，去补进 1”，即“二去 8 进 1”，其拨珠动作为三指进位，即“右分左托”，右一档用食指与中指“双分”去 8，左一档用拇指托 1 颗下珠靠梁（进 1）。

（5）从正 7 位做“7＋3”，拨珠动作为“本档满十，去补进 1”，即“三去 7 进 1”，其拨珠动作为三指进位，即“右分左托”，右一档用食指与中指“双分”去 7，左一档用拇指托 1 颗下珠靠梁（进 1）。

（6）从正 6 位做“6＋4”，拨珠动作为“本档满十，去补进 1”，即“四去 6 进 1”，其拨珠动作为三指进位，即“右分左托”，右一档用食指与中指“双分”去 6，左一档用拇指托 1 颗下珠靠梁（进 1）。

（7）从正 5 位做“5＋5”，拨珠动作为“本档满十，去补进 1”，即“五去 5 进 1”，其拨珠动作为“右挑左托”，右一档用中指挑上珠 5 离梁，即去 5，左一档用拇指托 1 颗下珠靠梁（进 1）。

（8）从正 4 位（千位）做“4＋6”，拨珠动作为“本档满十，去补进 1”，即“六去 4 进 1”，其拨珠动作为食指去补，即用食指拨下珠 4 离梁（去 4），左一档用拇指托 1 颗下珠靠梁（进 1）。

（9）从正 3 位（百位）做“3＋7”，拨珠动作为“本档满十，去补进 1”，即“七去 3 进 1”，其拨珠动作为食指去补，即用食指拨下珠 3 离梁（去 3），左一档用拇指托 1 颗下珠靠梁（进 1）。

（10）从正 2 位（十位）做“2＋8”，拨珠动作为“本档满十，去补进 1”，即“八去 2 进 1”，其拨珠动作为食指去补，即用食指拨下珠 2 离梁（去 2），左一档用拇指托 1 颗下珠靠梁（进 1）。

（11）从正 1 位（个位）做“1＋9”，拨珠动作为“本档满十，去补进 1”，即“九去 1 进 1”，其拨珠动作为食指去补，即用食指拨下珠 1 离梁（去 1），左一档用拇指托 1 颗下珠靠梁（进 1）。

至此，所有各档均加完，最终得数为 1,111,111,110，如图 3-29 所示。

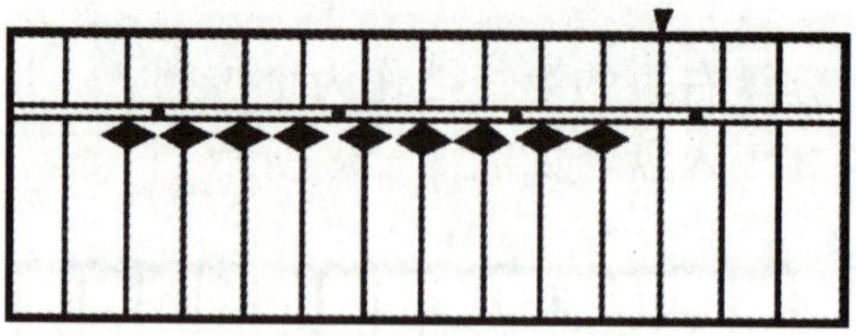

图 3－29

例 3　987＋234＝1,221。

运算步骤：

（1）确定个位档。可以将算盘右边的第三档作为个位档。

（2）拨被加数 987 入盘，如图 3－30 所示。

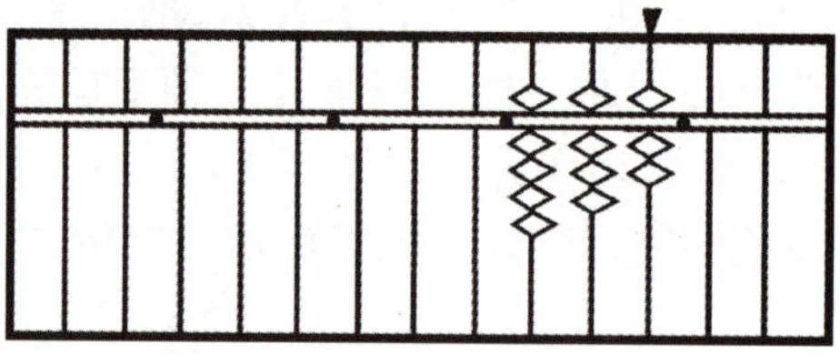

图 3－30

（3）从最高位正 3 位档（百位档）开始，从左至右每一位依次逐个相加，“9＋2”的拨珠动作为“本档满十，去补进 1”，即“二去 8 进 1”，其拨珠动作为三指进位，即“右分左托”，右一档用食指与中指“双分”去 8，左一档用拇指托 1 颗下珠靠梁（进 1），此时盘面数显示为 1,187。

（4）从正 2 位档（十位档）做“8＋3”，其拨珠动作为“本档满十，去补进 1”，即“三去 7 进 1”，其拨珠动作为三指进位，即“右分左托”，右一档用食指与中指“双分”去 7，左一档用拇指托 1 颗下珠靠梁（进 1），此时盘面数显示为 1,217。

（5）从正 1 位档（个位档）做“7＋4”，其拨珠动作为“本档满十，去补进 1”，即“四去 6 进 1”，其拨珠动作为三指进位，即“右分左托”，右一档用食指与中指“双分”去 6，左一档用拇指托 1 颗下珠靠梁（进 1），此时盘面数显示为 1,221。

至此，所有各档均加完，最终得数为 1,221，如图 3－31 所示。

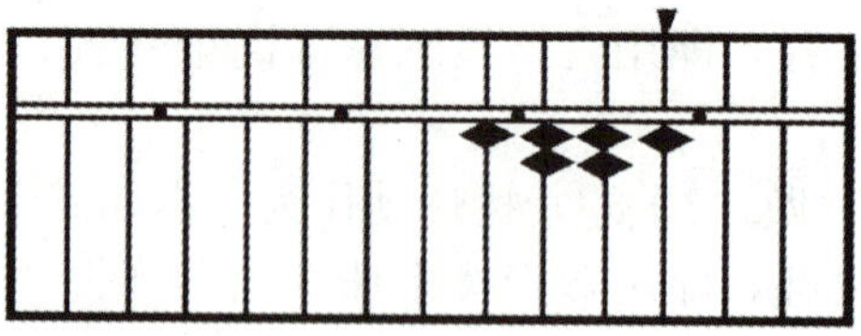

图 3－31

例 4　989＋344＝1,333。

运算步骤：

（1）确定个位档。可以将算盘右边的第三档作为个位档。

（2）拨被加数 989 入盘，如图 3－32 所示。

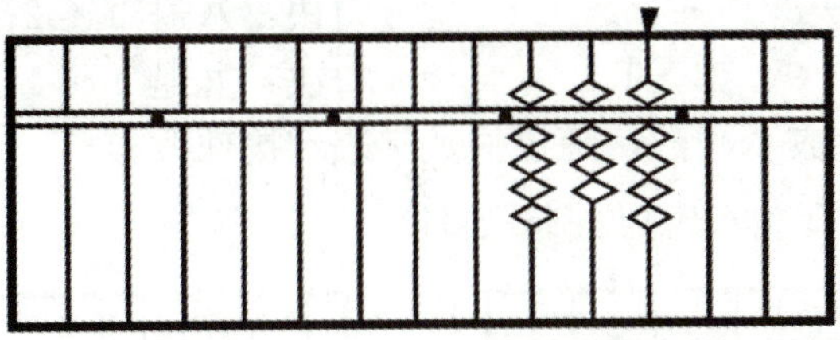

图 3 - 32

（3）从最高位正 3 位档（百位档）开始，从左至右每一位依次逐个相加，“9＋3”的拨珠动作为“本档满十，去补进 1”，即“三去 7 进 1”，其拨珠动作为三指进位，即“右分左托”，右一档用食指与中指“双分”去 7，左一档用拇指托 1 颗下珠靠梁（进 1），此时盘面数显示为 1,289。

（4）从正 2 位档（十位档）做“8＋4”，其拨珠动作为“本档满十，去补进 1”，即“四去 6 进 1”，其拨珠动作为三指进位，即“右分左托”，右一档用食指与中指“双分”去 6，左一档用拇指托 1 颗下珠靠梁（进 1），此时盘面数显示为 1,329。

（5）从正 1 位档（个位档）做“9＋4”，其拨珠动作为“本档满十，去补进 1”，即“四去 6 进 1”，其拨珠动作为三指进位，即“右分左托”，右一档用食指与中指“双分”去 6，左一档用拇指托 1 颗下珠靠梁（进 1），此时盘面数显示为 1,333。

至此，所有各档均加完，最终得数为 1,333，如图 3 - 33 所示。

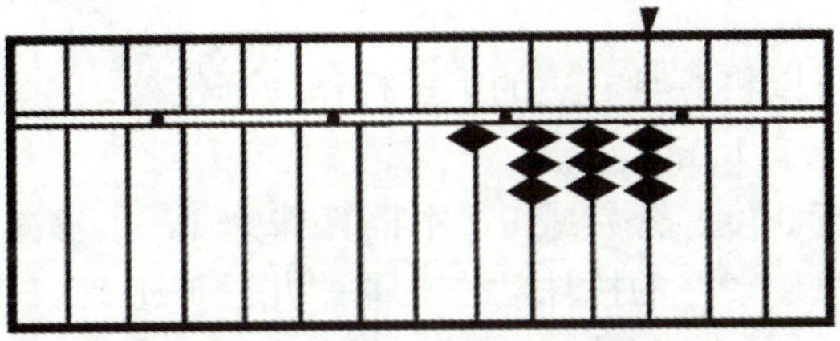

图 3 - 33

若用无诀加减法，则为“本档满十，去补进 1”。

“补”，即“补数”，若两个数的和为 10 的 n 次方（n 为自然数），则这两个数互为补数。

“齐数”：10 的 n 次方（n 为自然数）叫作“齐数”，如 10、100、1,000、10,000…

10 是最小的齐数，如 1 与 9、2 与 8、3 与 7、4 与 6、5 与 5、6 与 4、7 与 3、8 与 2、9 与 1，它们互为补数。

（二）退十减（退位减）

例如：

10－1	口诀：一退 1 还 9；
10－2、11－2	口诀：二退 1 还 8；
10－3、11－3、12－3	口诀：三退 1 还 7；
10－4、11－4、12－4、13－4	口诀：四退 1 还 6；
10－5、11－5、12－5、13－5、14－5	口诀：五退 1 还 5；
10－6	口诀：六退 1 还 4；
10－7、11－7	口诀：七退 1 还 3；

10－8、11－8、12－8　　口诀：八退 1 还 2；

10－9、11－9、12－9、13－9　　口诀：九退 1 还 1。

（注：中文小写数字表示减数，阿拉伯数字表示拨珠数。）

例 5　1,635－856＝779（见图 3－34）。

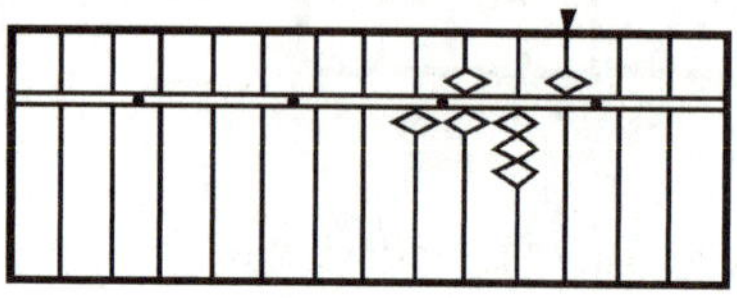

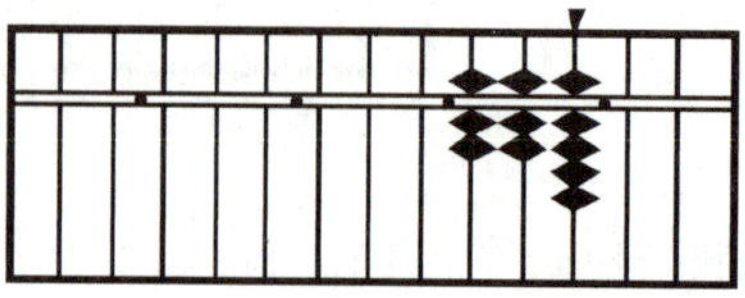

图 3－34

例 6　1,111,111,110－987,654,321＝123,456,789。

此题为例 2 的逆运算，拨珠及最终得数如图 3－35 所示。

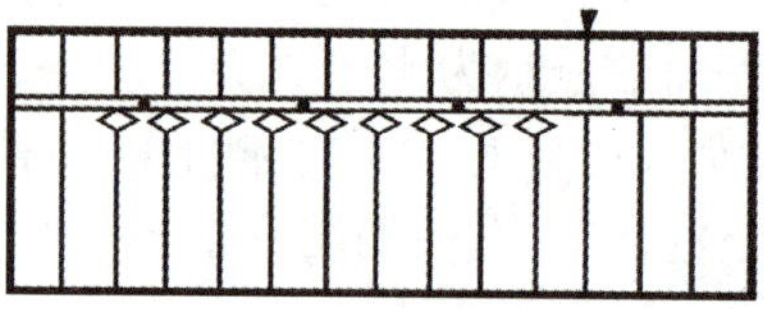

图 3－35

运算步骤：

（1）确定个位档。可以将算盘右边的第三档作为个位档。

（2）拨被减数 1,111,111,110 入盘。

（3）从最高位档（正 9 位）开始减 9，本档算珠为 1，不够减 9，则据“本档不够减，退 1 加补数”，相当于“11－9”的拨珠动作，即“九退 1 还 1”，其拨珠动作为用食指先在前一档“退 1”（减 1），再在本档 1 加上减数 9 的补数 1，此时盘面数显示为 211,111,110。

（4）从正 8 位档开始减 8，本档算珠为 1，不够减 8，则据“本档不够减，退 1 加补数”，相当于“21－8”的拨珠动作，即“八退 1 还 2”，其拨珠动作为用食指先在前一档“退 1”（减 1），再在本档 1 加上减数 8 的补数 2，此时盘面数显示为 131,111,110。

（5）减数从正 7 位档开始减 7，本档算珠为 1，不够减 7，则据“本档不够减，退 1 加补数”，相当于“131－7”的拨珠动作，即“七退 1 还 3”，其拨珠动作为用食指先在前一档 3“退 1”（减 1），再在本档 1 加上减数 7 的补数 3，此时盘面数显示为 124,111,110。

（6）从正 6 位档开始减 6，本档算珠为 1，不够减 6，则据“本档不够减，退 1 加补数”，相当于“1,241－6”的拨珠动作，即“六退 1 还 4”“四下 5 去 1”（或“六退 1 还 5 去 1”），其拨珠动作为用食指先在前一档 4“退 1”（减 1），再在本档 1 加上减数 6 的补数 4 变成 5，此时盘面数显示为 123,511,110。

（7）从正 5 位档开始减 5，本档算珠为 1，不够减 5，则据“本档不够减，退 1 加补数”，相当于“1,235－5”的拨珠动作，即“五退 1 还 5”，其拨珠动作为用拇指与中指先在前一档 5“退 1”（减 1）（双上指法），再在本档 1 加上减数 5 的补数 5 变成 6，此时盘面数显示为 123,461,110。

（8）从正 4 位档（千位档）开始减 4，本档算珠为 1，不够减 4，则据“本档不够减，退 1 加补数”，相当于“12,346－4”的拨珠动作，即“四退 1 还 6”，其拨珠动作为用食指先在前一档 6“退 1”（减 1），再在本档 1 加上减数 4 的补数 6 变成 7，此时盘面数显示为 123,457,110。

（9）从正 3 位档（百位档）开始减 3，本档算珠为 1，不够减 3，则据“本档不够减，退 1 加补数”，相当于“123,457－3”的拨珠动作，即“三退 1 还 7”，其拨珠动作为用食指先在前一档 7“退 1”（减 1），再在本档 1 加上减数 3 的补数 7 变成 8，此时盘面数显示为 123,456,810。

（10）从正 2 位档（十位档）开始减 2，本档算珠为 1，不够减 2，则据“本档不够减，退 1 加补数”，相当于“1,234,568－2”的拨珠动作，即“二退 1 还 8”，其拨珠动作为用食指先在前一档 8“退 1”（减 1），再在本档 1 加上减数 2 的补数 8 变成 9，此时盘面数显示为 123,456,790。

（11）从正 1 位档（个位档）开始减 1，本档算珠为 0，不够减 1，则据“本档不够减，退 1 加补数”，相当于“12,345,679－1”的拨珠动作，即“一退 1 还 9”，其拨珠动作为用食指先在前一档 9“退 1”（减 1），再在本档 0 加上减数 1 的补数 9 变成 9，此时盘面数显示为 123,456,789，为最终得数。

例 7　1,234－395＝839。

运算步骤：

（1）确定个位档。可以将算盘右边的第三档作为个位档。

（2）拨被减数 1,234 入盘，如图 3－36 所示。

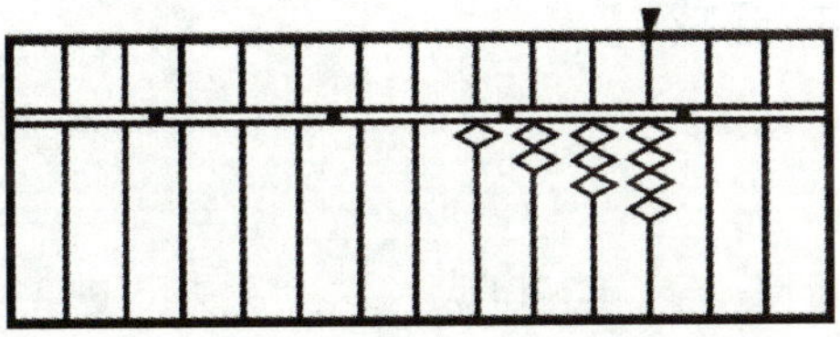

图 3－36

（3）从最高位档正 3 位档（百位）开始减 3，本档算珠为 2，不够减 3，则据“本档不够减，退 1 加补数”，相当于“12－3”的拨珠动作，即“三退 1 还 7”，其拨珠动作为用食指先在前一档“退 1”（减 1），再在本档 2 加上减数 3 的补数 7，此时盘面数显示为 934。

（4）十位档“3－9”，据“本档不够减，退 1 加补数”，相当于“93－9”的拨珠动作，即“九退 1 还 1”，其拨珠动作为用食指先在前一档“退 1”（减 1），再在本档 3 加上减数 9 的补数 1，此时盘面数显示为 844。

（5）个位档“4－5”，据“本档不够减，退 1 加补数”，即“五退 1 还 5”，则最终得数为 839，如图 3－37 所示。

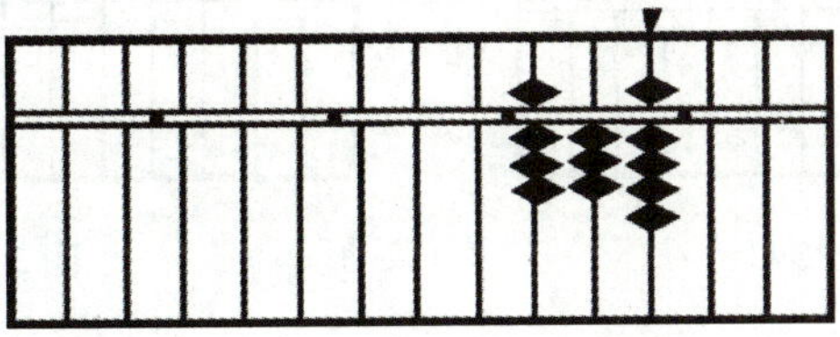

图 3－37

例 8 5,678－989＝4,689。

运算步骤略，拨珠及最终得数如图 3－38 所示。

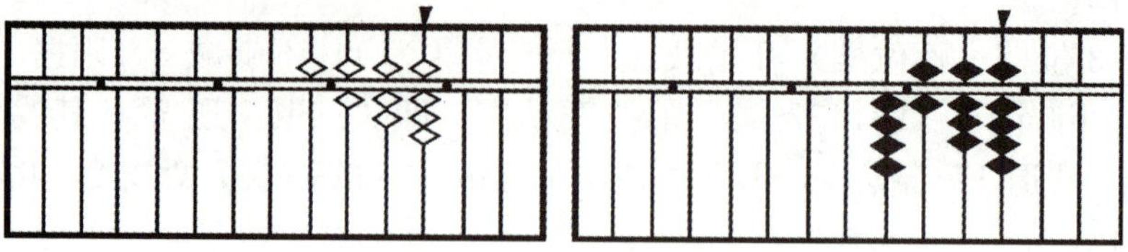

图 3－38

若用无诀加减法，则为“本档不够，退 1 加补”。

随手练

“进十加、退十减”习题：

(1) 7,635＋8,595＝
(2) 3,526＋7,589＝
(3) 4,632＋7,489＝
(4) 3,692＋7,538＝
(5) 437.28＋684.93＝
(6) 7,849－958＝
(7) 2,287－599＝
(8) 86,765－7,876＝
(9) 708.36－69.48＝
(10) 9,687－898＝

二、破五进十加、退十补五减

（一）破五进十加

例如：

5＋6、6＋6、7＋6、8＋6　　口诀：六上 1 去 5 进 1；
5＋7、6＋7、7＋7　　口诀：七上 2 去 5 进 1；
5＋8、6＋8　　口诀：八上 3 去 5 进 1；
5＋9　　口诀：九上 4 去 5 进 1。

（注：中文小写数字表示加数，阿拉伯数字表示拨珠数。）

例 9 6＋8＝14。

运算步骤：定好个位档，拨上被加数 6，如图 3－39 所示。

加 8 时，应减去 2，但无靠梁的下珠，我们就用大拇指拨三颗下珠靠梁，同时用中指挑去上珠 5，再向左档进 1 即可，如图 3－40 所示。

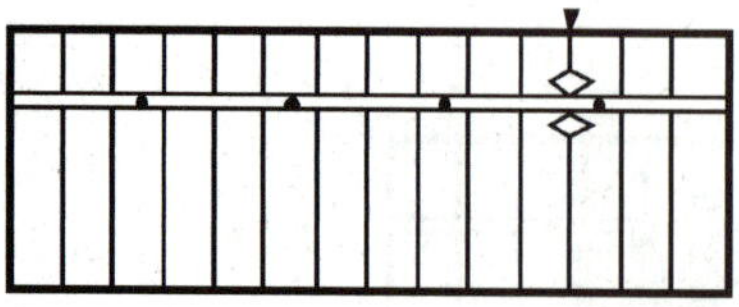

图 3－39

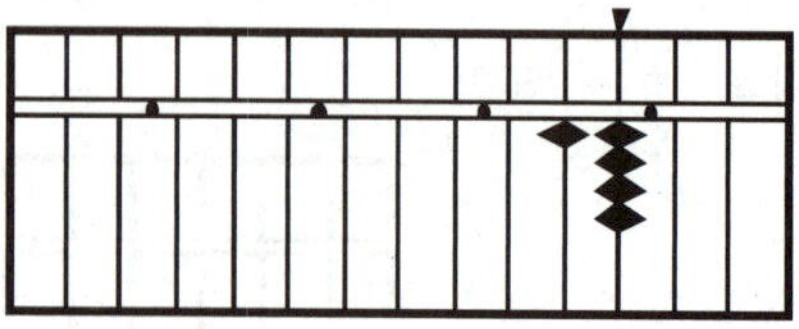

图 3－40

例 10 5,555＋6,789＝12,344。

运算步骤略，拨珠及最终结果如图 3 - 41 所示。

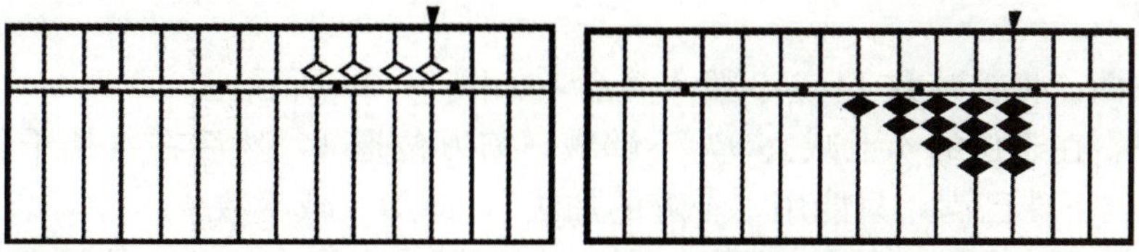

图 3 - 41

例 11　666＋678＝1,344。

运算步骤略，拨珠及最终结果如图 3 - 42 所示。

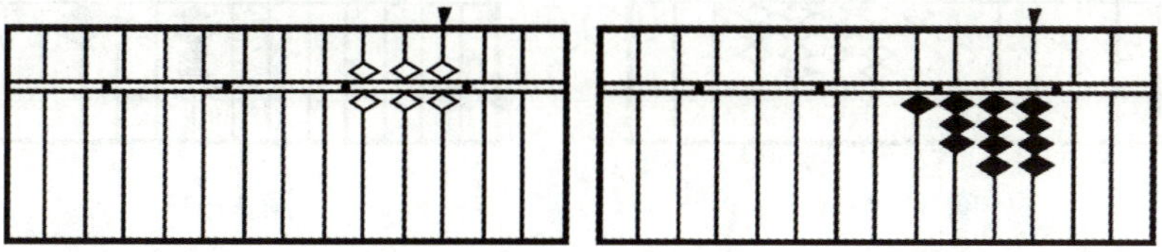

图 3 - 42

例 12　778＋676＝1,454。

运算步骤略，拨珠及最终结果如图 3 - 43 所示。

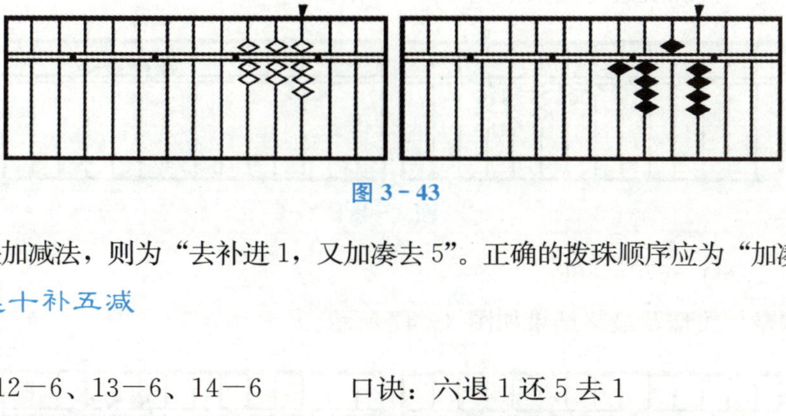

图 3 - 43

若用无诀加减法，则为“去补进 1，又加凑去 5”。正确的拨珠顺序应为“加凑去 5 进 1”。

（二）退十补五减

例如：

11－6、12－6、13－6、14－6	口诀：六退 1 还 5 去 1
12－7、13－7、14－7	口诀：七退 1 还 5 去 2
13－8、14－8	口诀：八退 1 还 5 去 3
14－9	口诀：九退 1 还 5 去 4

（注：中文小写数字表示减数，阿拉伯数字表示拨珠数。）

以上为合成口诀，还可用分解口诀：

合成口诀	分解口诀
六退 1 还 5 去 1	六退 1 还 4、四下 5 去 1；
七退 1 还 5 去 2	七退 1 还 3、三下 5 去 2；
八退 1 还 5 去 3	八退 1 还 2、二下 5 去 3；
九退 1 还 5 去 4	九退 1 还 1、一下 5 去 4。

例 13　14,343－9,786＝4,557。

运算步骤：

定好个位档，将被减数 14,343 拨入算盘，如图 3－44 所示。

位数对齐，在千位的 4 上减去 9，不够减，需万位退 1，然后在本档千位上加上 9 的补数 1，可千位下珠已满，只能用“补五的加法”，即加 5 减凑数 4。

操作过程：用食指从左档拨一颗下珠离梁，再用中指将本档的上珠拨下靠梁，同时用食指拨去四颗下珠离梁。

同理，用上述方法完成“786”各档的运算。其结果 4,557 即为答数，如图 3－45 所示。

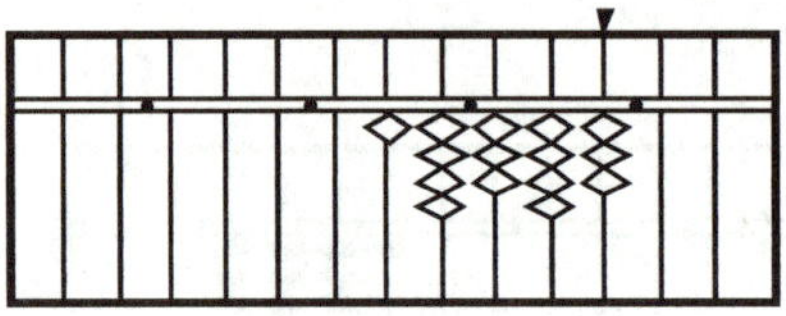

图 3－44

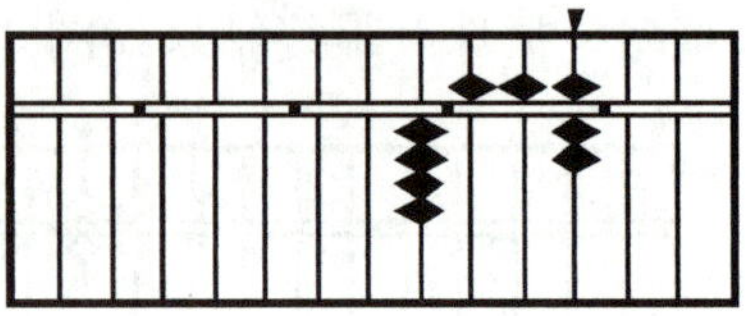

图 3－45

“退十补五减”的运算方法是：左档退 1，本档加补数，只是加补数时要用到补五的加法。

例 14　12,344－6,789＝5,555。

运算步骤略，拨珠及最终结果如图 3－46 所示。

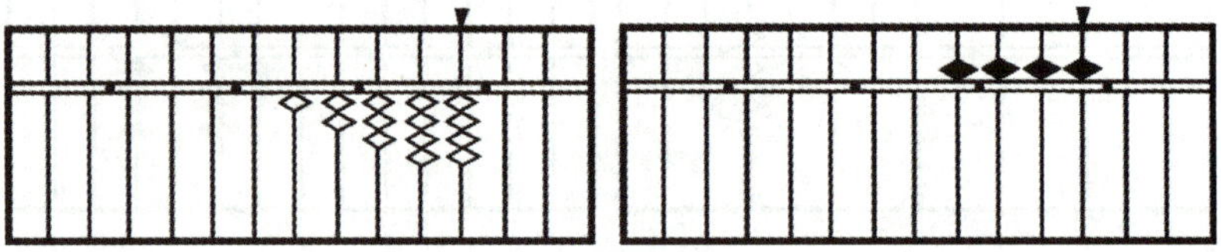

图 3－46

例 15　1,344－678＝666。

运算步骤略，拨珠及最终结果如图 3－47 所示。

图 3－47

例 16　1,454－778＝676。

运算步骤略，拨珠及最终结果如图 3－48 所示。

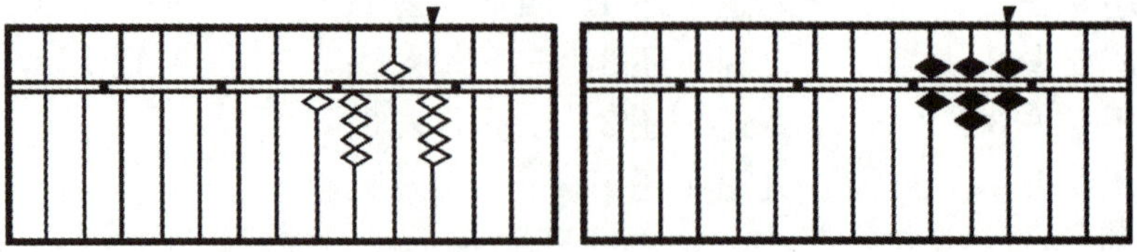

图 3－48

若用无诀加减法，则为“退 1 加补，又加 5 减凑”。

例如：12－7　　11－6　　13－8　　14－9

珠算加减法口诀见表 3－1、表 3－2。

表 3－1　珠算加法口诀表

加几	不进位加法		进位加法	
	直接加	补五加	进十加	破五进十加
	几上几	几下 5 去几	几去几进 1	几上几去 5 进 1
一	一上 1	一下 5 去 4	一去 9 进 1	
二	二上 2	二下 5 去 3	二去 8 进 1	
三	三上 3	三下 5 去 2	三去 7 进 1	
四	四上 4	四下 5 去 1	四去 6 进 1	
五	五上 5		五去 5 进 1	
六	六上 6		六去 4 进 1	六上 1 去 5 进 1
七	七上 7		七去 3 进 1	七上 2 去 5 进 1
八	八上 8		八去 2 进 1	八上 3 去 5 进 1
九	九上 9		九去 1 进 1	九上 4 去 5 进 1

注：中文小写数字表示加数，阿拉伯数字表示拨珠数。

表 3－2　珠算减法口诀表

减几	不退位减法		退位减法	
	直接减	破五减	退十减	退十补五减
	几去几	几上几去 5	几退 1 还几	几退 1 还 5 去几
一	一去 1	一上 4 去 5	一退 1 还 9	
二	二去 2	二上 3 去 5	二退 1 还 8	
三	三去 3	三上 2 去 5	三退 1 还 7	
四	四去 4	四上 1 去 5	四退 1 还 6	
五	五去 5		五退 1 还 5	
六	六去 6		六退 1 还 4	六退 1 还 5 去 1
七	七去 7		七退 1 还 3	七退 1 还 5 去 2
八	八去 8		八退 1 还 2	八退 1 还 5 去 3
九	九去 9		九退 1 还 1	九退 1 还 5 去 4

注：中文小写数字表示减数，阿拉伯数字表示拨珠数。

随手练

“破五进十加、退十补五减”习题：

（1）7,685＋6,768＝　　（6）7,213－768＝

（2）5,876＋9,678＝　　（7）2,431－676＝

（3）5,657＋8,776＝　　（8）29,342－12,786＝

（4）5,076＋7,567＝　　（9）703.24－67.67＝

（5）567.68＋677.86＝　　（10）2,453－826＝

以上所述四种加法类型的运算方法，在实际工作中是融合在一起的，必须持之以恒地加以练习，才能达到不假思索、见数拨珠的熟练程度。

例 17　53,765＋24,775＝78,540。

运算步骤：

（1）定好个位档，先将被加数 53,765 拨入算盘，如图 3－49 所示。

（2）从高位算起，先在万位档上加 2，用“直接加法”。

（3）在千位档加上 4，用“补五加法”。

（4）在百位档加上 7，用“破五进十加法”。

（5）在十位档加上 7，用“破五进十加法”。

（6）在个位档加上 5，用“进十加法”。

其盘上显现的数字 78,540 即为答数，如图 3－50 所示。

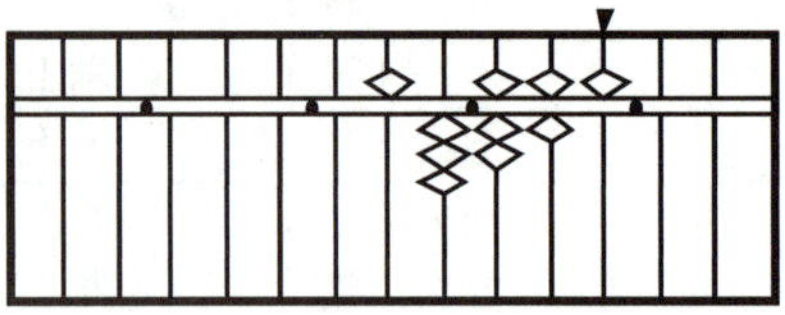

图 3－49

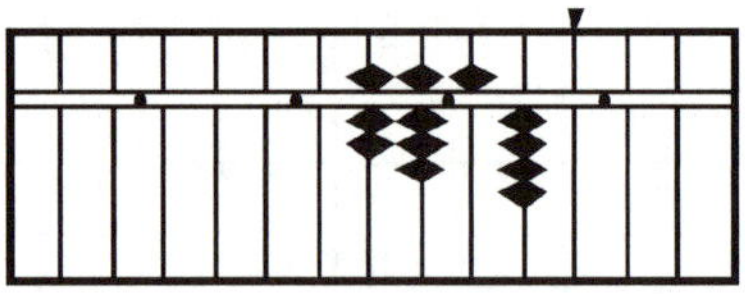

图 3－50

在实际工作中，减法运算也是四种类型的综合应用。

例 18　4,537－3,874＝663。

运算步骤：

（1）定好个位档，将被减数 4,537 拨入算盘，如图 3－51 所示。

（2）位数对齐，逐位相减。4－3，用直接的减法；5－8，不够减，用退十的减法；3－7，不够减，用退十补五的减法；7－4，用破五的减法。

盘上显现的数字 663 即为答数，如图 3－52 所示。

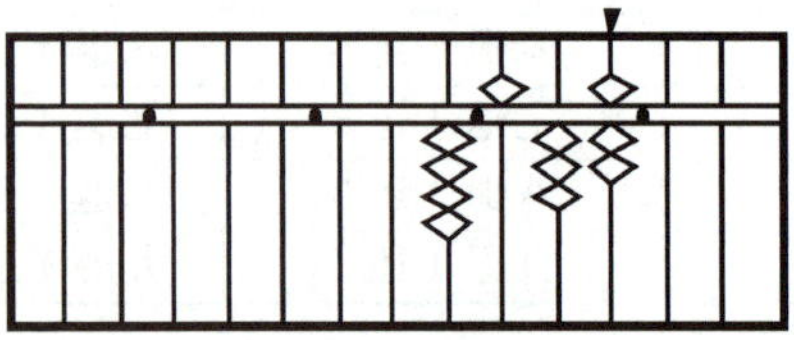

图 3－51

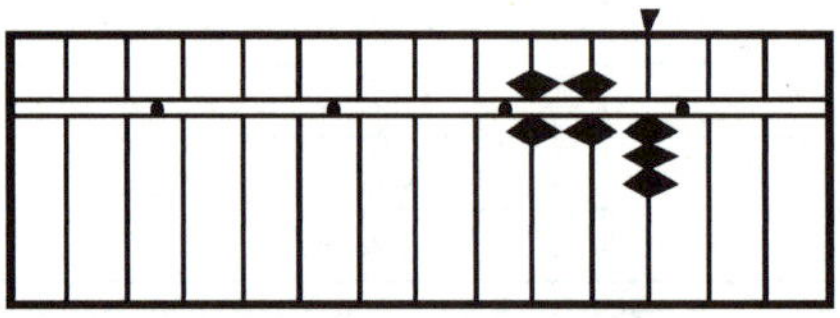

图 3－52

在算盘上减 1～9 各数时，本档不够减，需隔档退位才够减的减算，称为隔档退位减法。其处理方法为：隔几档退位还几个 9，本档加上减数的补数。

例 19　303－9＝294。

运算步骤：

（1）定好个位档，将被减数 303 按对应个位档拨入算盘，如图 3－53 所示。

（2）在个位的 3 上减去 9，不够减，应由十位档退 1，但十位档是 0，必须再由百位档退位，即在百位档退 1，隔一档退位，还一个 9，本档加上 9 的补数 1，答数为 294，如图 3－54 所示。

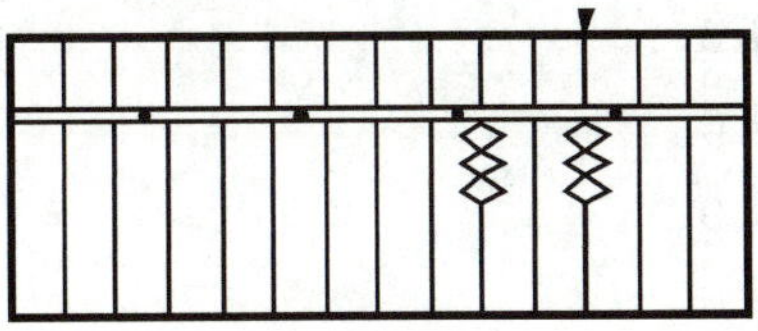

图 3-53

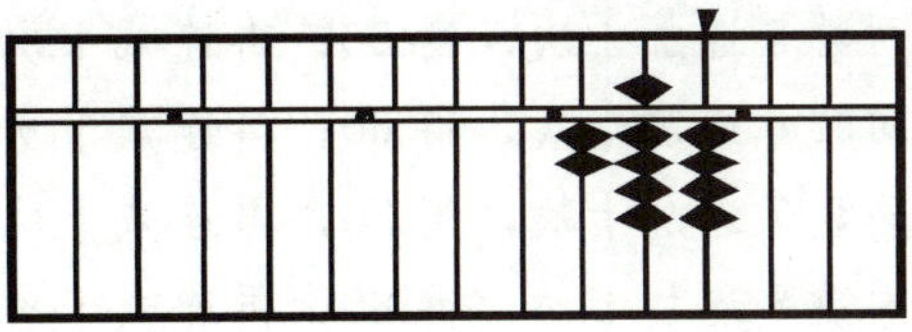

图 3-54

例 20　3,003－9＝2,994。

运算步骤略，拨珠及最终结果如图 3-55 所示。

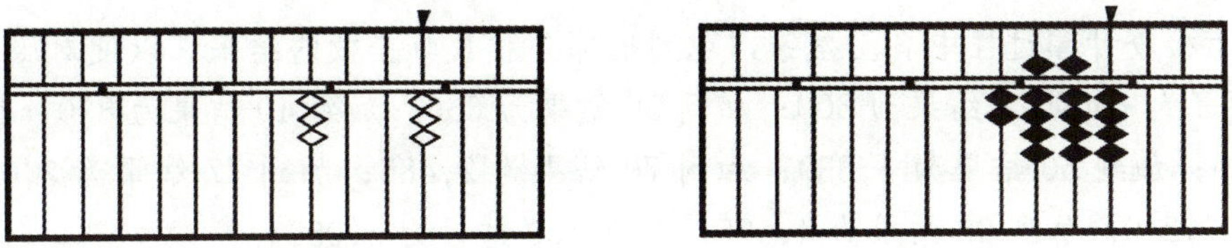

图 3-55

项目小结

进位加、退位减是基本加减法的重点和难点，将口诀加减与无诀加减结合讲授，便于学生理解和选择算法。

巩固练习

用心练习下列各题，你一定能成为计算能手！

1. 打定数（同数连加）练习。

（1）“累加 1”练习：同数 1 连加，1 分钟加到 260 为及格。

（2）“累加 2”练习：同数 2 连加。

（3）“累加 3”练习：同数 3 连加。

（4）“累加 4”练习：同数 4 连加。

（5）“累加 5”练习：同数 5 连加。

（6）“累加 6”练习：同数 6 连加。

（7）“累加 7”练习：同数 7 连加。

（8）“累加 8”练习：同数 8 连加。

（9）“累加 9”练习：同数 9 连加。

2. 同数连加减练习。

同数 1～9 先连加十次后，再连减十次。

（1）同数 1 连加十次，得 10；再连减十次，得 0。

（2）同数 2 连加十次，得 20；再连减十次，得 0。

（3）同数 3 连加十次，得 30；再连减十次，得 0。

（4）同数 4 连加十次，得 40；再连减十次，得 0。

(5) 同数 5 连加十次，得 50；再连减十次，得 0。

(6) 同数 6 连加十次，得 60；再连减十次，得 0。

(7) 同数 7 连加十次，得 70；再连减十次，得 0。

(8) 同数 8 连加十次，得 80；再连减十次，得 0。

(9) 同数 9 连加十次，得 90；再连减十次，得 0。

3. 基本加减结合指法练习。

(1)“加百子”练习（应在 90 秒内完成）：1+2+3+…+99+100=5,050。

(2)“减百子”练习：5,050−1−2−3−……−99−100=0。

为便于检查计算过程中有无差错，现列出部分和数与差数的结果，以便对照。

“加百子”：加到 24 结果为 300；加到 36 结果为 666；加到 40 结果为 820；加到 50 结果为 1,275；加到 60 结果为 1,830；加到 70 结果为 2,485；加到 77 结果为 3,003；加到 80 结果为 3,240；加到 90 结果为 4,095；加到 100 结果为 5,050。

“减百子”：减到 10 结果为 4,995；减到 20 结果为 4,840；减到 30 结果为 4,585；减到 40 结果为 4,230；减到 50 结果为 3,775；减到 60 结果为 3,220；减到 70 结果为 2,565；减到 80 结果为 1,810；减到 90 结果为 955；减到 100 结果为 0。

4.“七盘成”练习。

先拨上 123,456,789，然后连加七次 123,456,789，最后再加 9，得 987,654,321。

5.“三盘成”练习。

先拨上 123,456,789，然后各档见几加几，连加三遍，最后再加 9，也得 987,654,321。

6. 同数连加趣味练习。

(1) 28,439 连加十次，得 284,390，反复练习。

(2) 625 连加 10 次，得 6,250，反复练习。

(3) 625 连加 16 次，得 10,000，也叫“一条心”，反复练习。

(4) 16,875 连加 10 次，得 168,750，反复练习。

(5) 16,875 连加 16 次，得 270,000，反复练习。

(6) 将 823 连加 15 次，得 12,345。

(7) 将 125 连加 16 次，得 2,000。

(8) 将 375 连加 8 次，得 3,000。

(9) 将 836 连加 8 次，得 6,688。

项目四　珠算简捷加减法

简捷加减法，即珠算加减法的简捷运算方法，是心算（脑算）与珠算结合的简便算法，如凑整加减、多行合并计算（双行合并、三行合并、五行合并、穿梭计算等）。这里重点介绍多行合并中的三行合并，即“一目三行”计算，主要有“一目三行直加法”（纯加算题）与“一目三行抵消法”（加减混合算题）。

任务一　一目三行直加法

“一目三行直加法”适用于纯加算题。计算方法：先脑算出相同数位的三个数的和，一次拨入算盘，再加下一位三数之和，依此类推。

运算时要求做到“手不离档”，不要每三行一划线。

例1

```
    5,206
      987
    3,845
   17,306
    4,912
  730,459
 ─────────
  762,715
```

例2　15 笔数字连加。

第一种算法：均从左到右依次相加。

掌握此种方法的关键：要求熟练掌握三数的组成及其规律。

(1) 能凑十的两个数先加，再加另外一个数。

(2) 相同的数可变加法为乘法。

(3) 等差为 1 的三个数，其和是中间数的三倍；如：

1	2	3	4	5	6	7
2	3	4	5	6	7	8
3	4	5	6	7	8	9
—	—	—	—	—	—	—
6	9	12	15	18	21	24

注意：“中间数”是指按数字大小排列的中间数，而不是指排列顺序的中间数。如：

5	8
7	9
6	7
—	—
18	24

(4) 等差为 2 的三个数，其和是中间数（按数字大小排列）的三倍。如：

1	3	5	2	4
3	5	7	4	6
5	7	9	6	8
—	—	—	—	—
9	15	21	12	18

(5) 等差为 3 的三个数，其和是中间数（按数字大小排列）的三倍。如：

1	2	3
4	5	6
7	8	9
—	—	—
12	15	18

掌握以上规律后，可使运算速度大大提高。

第二种算法：穿梭打法（也叫“一目三行来回运算”）。

第一个三行，先从左到右依次相加；第二个三行从右向左依次相加，第三个三行再从左向右依次相加，依此类推，直至运算完为止。

任务二　一目三行抵消法

“一目三行抵消法”适用于加减混合算题。

计算方法：当遇到三行中有减数时，用“一目三行抵消法”运算。

要求做到手不离档，切忌每三行一划线。

“一目三行抵消法”的运算要领：正数大则加余数；正数小（负数大）则减差数；正数、负数相等时，则不减数也不加数。可简记为“正大加余，正小减差，正负相等，不减不加”。

例

678
520,356
−4,263
73,902
−805
6,291
915,814
679
−1,053
684
7,159
938
−86,243
−908
2,741
1,435,970

第一、二、三个三行，只有一笔负数，可与第二笔正数去抵消，第四个三行没有负数，则用一目三行直加法运算，最后一笔三行，有两笔负数，可与另一笔正数去抵消。

项目小结

本项目介绍了珠算加减法的简捷算法，学生应重点掌握“一目三行直加法”“一目三行抵消法”两种主要的多行合并运算方法。

巩固练习

利用一目三行直加法或一目三行抵消法进行脑算出数的练习。

全国珠算技术等级鉴定　普通五级　加减算　练习 1

一	二	三	四	五
2,846	2,038	9,018	8,896	9,046
901	946	921	324	382
7,025	5,617	7,637	7,085	8,245
153	370	375	−267	−397
479	815	826	6,381	2,324
3,821	5,934	5,961	456	417
374	768	878	758	−856
1,659	413	563	9,844	9,274
508	2,547	2,587	−696	632
790	689	763	708	501
3,561	305	415	−3,524	−4,584
893	9,263	9,235	632	726
4,028	102	529	−4,018	−5,248
164	719	384	486	887
6,027	428	597	−3,087	−2,096

六	七	八	九	十
3,827	7,098	9,213	5,760	7,563
451	946	951	389	269
5,025	6,437	6,037	7,125	8,245
453	370	346	−328	−429
679	815	756	9,374	2,426
2,822	8,925	6,961	527	437
574	768	478	926	806
1,459	523	863	7,264	8,134
708	8,527	4,587	−675	−842
992	709	663	203	501
3,545	465	515	−5,324	−4,774
803	9,383	8,265	426	726
6,028	403	547	−6,218	−5,988
464	3,289	1,486	807	887
7,097	798	895	−1,086	−2,076

全国珠算技术等级鉴定　普通五级　加减算　练习 2

一	二	三	四	五
6,876	8,019	9,016	3,896	7,043
903	546	925	824	384
7,021	7,617	4,637	4,081	5,245
853	471	475	−268	−367
879	615	826	7,381	2,328
6,821	8,934	6,961	656	417
274	764	878	858	−859
4,659	513	563	9,843	9,874
208	4,547	4,587	−676	602
690	389	763	508	403
4,567	602	515	−2,524	−6,584
395	3,253	9,535	632	726
4,027	302	729	−5,018	−4,248
364	716	984	786	817
7,037	528	697	−4,082	−2,046

六	七	八	九	十
5,829	3,098	8,213	5,762	4,563
453	956	651	384	269
4,025	8,437	4,037	6,125	7,245
753	870	346	−324	−429
679	215	856	8,374	6,426
4,821	4,925	7,961	527	437
574	768	878	426	806
4,459	623	663	7,264	7,134
608	7,527	4,587	−678	−942
892	809	664	201	401
6,545	765	315	−5,384	−4,784
803	6,383	7,265	496	526
2,028	403	546	−6,238	−7,988
464	5,289	1,286	607	883
4,097	792	895	−3,086	−3,075

项目五 传票算

传票算锻炼的是学生的耐心、耐力，眼、脑、手翻页、找页、记页、看数、记数与拨珠运算的协调配合能力，对培养学生的意志品质有极大的帮助作用。

一、打传票的基础知识

（一）传票

用以传递记账用的凭证叫传票，传票是记账凭证的前称。

传票种类：传票以 120 页或 100 页为一本，每页有五行或一行数字，每笔最高为 7 位数。

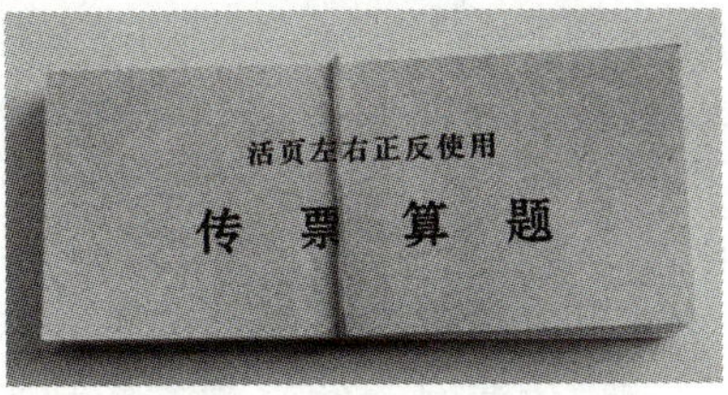

现全国会计技能比赛采用最高为 9 位数的传票，每页右侧有五行数字，正反面均印有数字，分 A、B、C、D 四面，增加了传票运算的难度，学生可使用翰林提设备进行传票翻打练习。

（二）传票算

传票算是全国珠算技术比赛五个项目之一（加减算、乘算、除算、账表算、传票算），在实际工作中运用相当广泛，如计算成沓的发票、收支凭证、有价证券金额等，因此学习好传票算是很重要的。

（三）现行会计技能比赛使用的传票规格

（1）传票是长 19 厘米、宽 9 厘米的 60 克书写纸，用 4 号手写体铅字印制。每面各行数字下加横线，其中第二行和第四行为粗线。

（2）在传票左上角装订成册，中间夹 1～2 根色带。每本共 100 页（反面没有数字）。

（3）每页五行（或一行），各行数字从 1～100 页均为 550 字，每笔最高为 7 位数，最低为 4 位数，全带角分（两位小数）。

（4）每连续 20 页为一题，计 110 字，0～9 各字码均衡出现。命题时任意选定起止页数。例如，第一题从第 3 页至第 22 页（一）行，第二题从 25 页至 44 页（三）行等。

（5）在每个数字前由上至下依次印有题号（一）、（二）、（三）、（四）、（五）。（一）表示第一行数字，（二）表示第二行数字……（五）表示第五行数字。

（6）页码印在右上角，一般用阿拉伯数字标明，每一页的尺寸一样。左上角有空白处，计算时可用夹子夹起运算。

（7）比赛时采用限时不限量的比赛办法，每场规定 15 分钟，每题规定打 20 页某一行数字的合计，共计 110 个数字，计算正确，得 15 分/题。

二、打传票的基本功

传票算是一种综合运算，不仅要做加减运算，还要掌握左手翻页、找页以及心算等基本功。

（一）传票摆放的位置

如果使用小算盘，可将传票放在算盘的左上方。为便于翻页，传票的左底边应离开算盘顶框 2 厘米左右，左手放进传票偏左的位置上，用拇指突出的部位翻动传票。

如果使用中型算盘或大算盘，可将传票斜放在算盘的左下方。

（二）打传票的基本功

1. 打扇形

运算之前，先将传票捻成扇形，并使每张传票自然松动，不致粘连在一起。捻成扇形后可恢复原状进行翻页，或不恢复原状，用夹子夹住保留扇形翻页。

2. 压传票

用左手小指左侧压住传票，从小指到食指都自然弯曲，并用小指左侧压住传票，这就是压传票动作。

3. 翻页

有上翻页、下翻页两种，采用下翻页较多。

打传票时，练好翻页的基本功非常重要，翻页速度的快慢、准确与否，直接影响运算的速度和准确率。

翻页时要把左手的中指、无名指和小指平放在传票的左下角，当拇指翻上一页后，食指迅速放在其下面，将传票夹住。随即拇指做翻下一页的准备。翻页与拨珠必须同时进行，票页不宜掀得太高，角度越小越好，以能看清数据（数字与页码）为准。翻页时应用拇指的指肚翻传票（掀传票）。

4. 找页

现行珠算比赛中的传票算不是一页一页打下来的，而是任意连续的 20 页。因此，就必须学会传票的找页，找页是打传票的一个很重要的基本功。找页又务必与看行、看数、拨珠等动作连贯在一起。

现举例子讲解一下如何翻页、找页。传票算题目为：

（1）11～30（二）；（2）28～47（五）；（3）50～69（三）。

当左手拿到传票后，翻动几次迅速找到 11 页，然后看数运算，运算完一题后，右手迅速抄写答数，并用眼睛余光快速扫视下一题的起页，确定下一题是顺着继续往下翻还是倒着往回找页，用左手同时做顺翻或倒翻的动作。第二题的起页为 28 页，是倒翻方向，于是将传票页数往前倒，方法是：将左手食指放下倒回传票，有时能刚好倒在起页上，有时还需翻动一两次，不过这个动作要在右手答数抄好左右就能完成。第三题起页是 50 页，顺翻，在第二题计算完后，右手抄答数，眼睛余光注意到起页是 50 页，就可以翻过几页，尽量能翻到靠近起页。

当然，这些方法在开始练习时会有很大难度，初练时可一项一项地练：先练翻页，翻到运用自如为止；再练找页，凭手的感觉估摸传票 20 页、40 页、60 页、80 页的厚度，再估摸传票 30 页、50 页、70 页、90 页的厚度。在此基础上可练习翻各题的起页，一般翻两三次就能找到起页了。

5. 记页

打传票时，除了要掌握找页和翻页这两个基功外，还要掌握记住所打页数的基本功。

为了避免计算过页或不足页，最好每打一页默记一页，打第一次默记 1，打第二次默记 2……打到 20 页默记 20，最后对照该题的讫止页码，如无误，就立即书写答数。如果打一目两页，一题只要记 10 次。来回打时记去数，也只默记 10 次。

6. 看数与记数

看数练习是珠算练习的第一个环节。因此，打传票也离不开看数。翻页和找页熟练后，看数不熟练，仍会影响计算速度。由于传票上的数字与其他项目的数字不同，传票算题目离算盘距离较远，而且每个算题又是不同的行次，因此在初练时必须先看了数字再看算盘，随着算题的加长，便应改为边看边默记边入盘。记数时，根据数字三位一分节的特点去看、去记（即分节看数、分节拨珠）。对较长的数据可以分两次看完。经过较长时间的训练后，方可达到随翻随看随拨珠。可以采用一次一页或一次二页的打法。

三、传票算的计算方法

传票算的计算方法主要有一次一页翻打法、一次二页翻打法等，这里重点介绍传统打法——一次一页翻打法。

所谓一次一页翻打法，就是翻一页打一页。一次一页翻打法可分为传统打法与来回打法两种。

传统打法：翻一页传票，将算题规定计算的某一行次数字从左至右拨入算盘，然后再翻一页传票，将算题规定计算的某一行次的数字从左至右拨入算盘，直至运算完成为止。

例如，5～24（三），即计算第 5 页至 24 页第三行的和数。以天津市珠算协会印制的第二十七号传票（1994 年 4 月）为例，第 5 页第三行是 27,634.05，第 6 页第三行是 91.86，第 7 页第三行是 405.73……运算时，先找出第 5 页第三行数字是 27,634.05，并由高位到低位拨入算盘，然后翻过第 5 页，眼看第 6 页第三行数字为 91.86，并由高位到低位拨加 91.86……一直加到第 24 页第三行 19,387.42，得数为 196,982.55。

来回打法：先从高位运算到低位，翻过一页后，再从低位运算到高位，这样反反复复直至运算完毕。

项目小结

本项目主要介绍了传票的结构，重点介绍了传票算的基本功、基本运算方法与基本要领。

巩固练习

1. 打传票基本功练习。

2. 传票算练习。

3. 百页传票连加练习。

附：传票算试卷（样卷）

传票算试卷（样卷）1

班级：　　　　姓名：　　　　学号：

成绩：　　　　计算题数：　　　　对题数：

要求按题号顺序计算，不要跳题。

序号	起止页数	行	答数	序号	起止页数	行	答数
1	11～30	五		21	2～21	三	
2	17～36	二		22	20～39	五	
3	35～54	一		23	35～54	二	
4	53～72	四		24	62～81	一	
5	70～89	三		25	80～99	四	
6	11～30	三		26	5～24	五	
7	27～46	一		27	30～49	四	
8	37～56	四		28	45～64	一	
9	53～72	五		29	63～82	三	
10	71～90	二		30	80～99	二	
11	4～23	四		31	3～22	一	
12	18～37	二		32	19～38	三	
13	46～65	三		33	47～66	四	
14	62～81	五		34	62～81	二	
15	79～98	一		35	78～97	五	
16	1～20	二		36	13～32	五	
17	29～48	一		37	20～39	四	
18	37～56	五		38	35～54	三	
19	64～83	四		39	51～70	二	
20	81～100	三		40	69～88	一	

传票算试卷（样卷）2

班级：　　　　　姓名：　　　　　学号：

成绩：　　　　　计算题数：　　　　　对题数：

要求按题号顺序计算，不要跳题。

序号	起止页数	行	答数	序号	起止页数	行	答数
1	2～21	一		21	6～25	三	
2	17～36	三		22	20～39	二	
3	35～54	二		23	33～52	四	
4	53～72	五		24	62～81	二	
5	70～89	四		25	77～96	四	
6	11～30	二		26	5～24	二	
7	27～46	三		27	30～49	三	
8	38～57	四		28	45～64	四	
9	54～73	五		29	63～82	五	
10	67～86	二		30	80～99	四	
11	3～22	一		31	3～22	三	
12	19～38	二		32	16～35	二	
13	46～65	四		33	47～66	一	
14	61～80	五		34	60～79	四	
15	75～94	三		35	74～93	五	
16	2～21	二		36	14～33	一	
17	28～47	一		37	25～44	二	
18	39～58	五		38	34～53	三	
19	64～83	三		39	56～75	四	
20	81～100	四		40	69～88	五	

传票算试卷（样卷）3

选手号：　　　　计算题数：　　　　对题数：　　　　成绩：　　　　阅卷：　　　　复核：

要求按题号顺序计算，不要跳题。　　　　计算题数：　　　　对题数：

序号	起止页数	行号	答数	序号	起止页数	行号	答数
1	5～24	一		11	13～32	四	
2	27～46	四		12	45～64	二	
3	53～72	二		13	71～90	五	
4	80～99	五		14	24～43	一	
5	19～38	三		15	55～74	三	
6	41～60	五		16	78～97	二	
7	63～82	四		17	22～41	四	
8	32～51	三		18	6～25	五	
9	76～95	一		19	34～53	一	
10	15～34	二		20	62～81	三	

传票算试卷（样卷）4

选手号：　　　计算题数：　　　对题数：　　　成绩：　　　阅卷：　　　复核：

要求按题号顺序计算，不要跳题。　　　计算题数：　　　对题数：

序号	起止页数	行号	答数	序号	起止页数	行号	答数
1	32～51	二		11	46～65	二	
2	18～37	四		12	78～97	五	
3	3～22	一		13	48～67	四	
4	47～66	三		14	71～90	一	
5	60～79	五		15	59～78	三	
6	44～63	一		16	17～36	三	
7	15～34	四		17	63～82	一	
8	23～42	二		18	11～30	五	
9	74～93	五		19	56～75	二	
10	41～60	三		20	27～46	四	

项目六　账表算

账表算可以锻炼学生的耐心、耐力，眼、脑看数、记数以及左右手拨珠运算、移盘的协调配合能力，对培养学生的意志品质有极大的帮助作用。

一、账表算的结构

账表算又称表格算，是全国珠算技术比赛五个项目之一。它是把纵行运算与横行运算合并于一张表格中，用横行栏和纵行栏相互交叉的数据分别进行横行和纵行相加减运算，最后求得两个总数相等，俗称“轧平”的计算。

账表算的运用极其普遍，特别是财会、统计人员经常同账表算打交道，并用它作为汇总数据的重要方法。

全国新标准比赛使用的账表，其结构一般为：

（1）每张账表由横 5 栏、纵 20 行数码组成，即纵向 5 个算题，横向 20 个算题。要求纵、横轧平，结出总计数。

（2）账表中各行数字最低为四位，最高为八位。纵向五个算题每题为 120 个字码；横向每题为 30 个字码。均为整数，不带角分。

（3）每张账表中有四个减号，纵向第四、五题中各有两个，并分别排列在横向 4 个题中。

（4）账表算不设倒减法。

二、账表算的运算方法

计算账表算的每题时必须做到准确无误，最后才能轧平。因此，它的难度比加减法运算大得多。

现行全国比赛办法规定账表的纵向 5 题，每题 14 分，横向 20 题每题 4 分，纵横两总数轧平，再加 50 分。因此要尽量做到使每道题都计算准确，这就需要在运算方法上下一定的功夫。由于平时练习都是接触到直行加减算，对纵列加减算练习太少，因此对纵列加减算就缺乏具有一定速度的简捷算法。所以，我们着重探讨账表算的运算方法。

（一）基本功训练

（1）握盘。

把账表平放于桌上，表的正面对准自己的胸前，用左手握住菱珠小算盘（用此种算盘打账表最适合）放于账表面上，用右手逐行从上而下夹笔拨珠。

握盘的方法是：用左手握算盘左端四五档的上下框边，拇指握住算盘的下框，食指、中指、无名指和小指等四指握住算盘的上框，食指与中指尽量能接近清盘器以便随时清盘。握盘时不要把手指弯曲于算盘底部，以免触珠或使算盘不平。

（2）算前定位。

运算之前在算盘上可标明个位。

（3）移盘。

尽管菱珠小算盘经过改装在其底部安装有三个橡皮垫，这样便在算盘底部形成一纸厚的空隙，但是，通常也不用左手将账表在算盘底下做上下移动。因为这样做会使左手离开算盘，那么左手握盘就失去意义，从而也就实现不了提高运算速度的目的。因此，在开始运算时，即将算盘放于账表的上方，露出第一行算题，左手握盘，右手夹笔拨珠，再移动算盘露出第二行算题，左手握盘，右手夹笔拨珠……如此一直移盘运算下去。熟练时，可把整个动作连贯起来。即在右手拨珠的同时，左手则缓缓将算盘向下移动至下一道算题。此时刚好上一道算题已拨完，同时已看好下道算题的数据，迅速拨珠……如此完成下去。

注意：移动算盘时要平稳，千万不要倾斜，以免算珠滑动；动作要轻稳，以防串珠造成错误。

（二）横行加减算运算方法

1. 一目一行进行运算（传统打法，较慢且首位数难找）

同加减法横行运算一样，看一行打一行。一行数字运算好后，左手向右移，指着下一行数字，右手从高位到低位进行拨珠。

这种打法较传统，对于初学者掌握一些基本要领很有好处，但它运算速度缓慢，手左右移动次数太多，且首位数比较难找。

2. 一目二行进行运算

待掌握了比较好的握盘、移盘等基本功后，就有必要进行速度练习，也就是要采取珠算与心算相结合的运算方法。横行珠脑结合运算主要有：

（1）“二二一”打法。

将账表的横行二行合并作一次运算，运算两次后，第五行直接拨加，简称“二二一”打法。

（2）“二一二”打法。

即将首尾两行合并做一次运算，中间一行直接拨加，这种方法犹如一人挑着柴担一样，简称“二一二”打法。

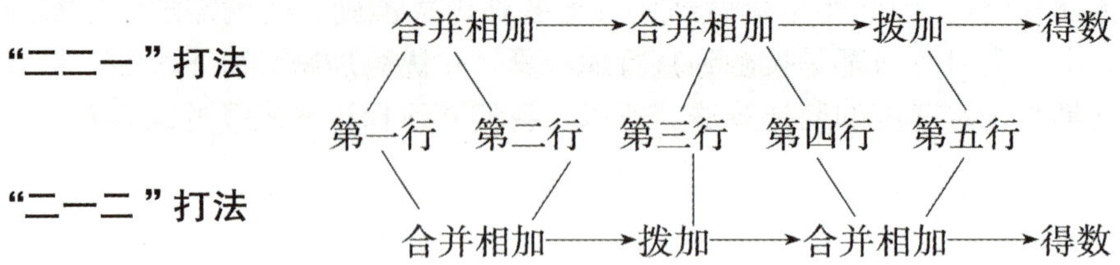

由此可见，横行一目二行的运算主要是解决横二行合并连加计算的问题。这里介绍几种方法：

（1）先十法。

先十法就是在两数相加时，预见到某位相加须进位（或退位）前进行进位（退位）。

如：638＋27＝665，预见到个位 8＋7 须进 1，就在十位档上 3＋2 时提前多加 1（即 6）。当遇到连续进位时，运用先十法，可以大大减少拨珠次数。

如：13,876＋7,365＝21,241，预见到其千位以下位数都要进一，故首先在万位上加 1 为 2，其下相应位数皆多加 1，便得答数 21,241。

对于加减混合题，由于减法是加法的逆运算。因此可用下列方法来进行运算：

当被减数不够减时须向前一位借“1”，本档加上退一的补数。如 346－38 按常规运算，被减数 346 拨入算盘后，减去 38 时是在十位档减去 3，个位档减去 8。而个位档的被减数只有 6，不够减，须向十位数借 1 减，个位档加上补数 2。这样拨珠次数为三次。

如预先在十位档多减“1”，即直接减去 4，个位档加上减数 8 的补数 2，这样就减少拨珠一次。

再以账表运算题为例：785,639－49,258，减数可化成减 1，原数看补，即将－49,258 看成－50,000＋742，便得答数 736,381。

当被减数与减数的前位相同，而后一位被减数又小于减数时，如 7,382－386，千位上预前位减 1，百位和十位变 9，个位凑补为 4，即得 6,996，这样做很显然减少了拨珠次数。

（2）分节加减法。

横行数字在表中一般距离较大，认档落珠有一定困难，如改用横行按分节号运算，数字较少，视线较短，就易于合并定档拨珠，且准确率较高。

现以一行账表横行题为例，说明此种运算方法。

序号	一	二	三	四	五
一	17,623.09	5,019.76	31,024.95	6,297.01	28,504.16

首先，第一、第二列分节合并累加，第一节之和 22（17＋5），第二节之和 642（623＋019），小数部分之和 85（09＋76），得数 22,642.85。

其次，第三、第四列分节合并累加，第一节 22＋37 得 59，第二节 642＋321 得 963，小数部分 85＋96 即可，盘面结果为 59,964.81。

最后，再加上第五列的数字 28,504.16，最终结果为 88,468.97。

（3）来回运算法。

同竖行加减来回运算一样，第一行横一、二、三、四、五栏先从左到右（从高到低）计算，第二行按横五、四、三、二、一从右到左（从低到高）运算，依此类推。

（三）纵行加减算运算方法

可采用一目三行、一目五行等运算方法。具体内容略。

项目小结

本项目重点介绍了账表的结构、横向运算基本方法、纵向运算基本方法等内容。

巩固练习

账表算练习。

全国珠算技术比赛　账表算　标准试卷　练习 1（大账表）

单位：　　　　　　　　　　姓名：　　　　　　　　　　考号：

项目	计算题数	错题数	对题数	分数	轧平	得分
纵向						
横向						

序号	一	二	三	四	五	合计
一	21,834	259,670	5,483	92,613,047	1,590,786	
二	657,390	83,047,216	1,452,908	5,786	29,413	
三	1,240,985	31,649	90,167,283	−370,258	5,746	
四	97,423,601	5,278	39,176	1,896,504	348,502	
五	5,867	1,548,093	246,750	49,321	71,803,629	
六	429,158	9,165	64,082,573	7,203,194	80,763	
七	7,934,601	62,754,083	451,896	82,073	9,215	
八	3,062	7,543,910	82,179	64,093,785	485,621	
九	80,735	412,689	7,931,402	2,561	69,740,835	
十	62,857,914	30,278	3,560	485,196	−4,297,103	
十一	87,592,301	7,486,103	4,956	57,423	129,068	
十二	146,982	85,930,241	25,037	−7,365,041	6,987	
十三	25,734	9,086	92,754,381	189,602	7,653,041	
十四	7,563,041	45,372	162,098	6,980	38,592,714	
十五	9,806	126,957	7,610,384	84,523,791	50,432	
十六	3,874,021	50,316	6,439	95,748,120	287,596	
十七	5,896	298,547	57,310	3,421,608	94,360,721	
十八	43,179,502	6,978	8,216,045	237,956	83,140	
十九	245,796	3,680,214	91,048,723	58,310	6,579	
二十	10,683	45,739,102	879,265	7,649	−3,128,405	
合计						

全国珠算技术比赛　账表算　标准试卷　练习 2（大账表）

单位：　　　　　　　　　　姓名：　　　　　　　　　　考号：

项目	计算题数	错题数	对题数	分数	轧平	得分
纵向						
横向						

序号	一	二	三	四	五	合计
一	4,579	1,023,964	16,348	728,950	10,563,728	
二	90,187,364	30,781	9,275	3,145,062	−628,594	
三	678,529	5,042	67,534,018	13,489	3,769,201	
四	3,160,452	67,918,534	807,529	6,972	84,013	
五	13,280	756,982	3,914,062	51,380,746	7,459	
六	209,451	83,675	4,283,910	2,678	94,670,513	
七	7,190	410,529	78,065,324	−8,631,294	53,768	
八	8,761,432	2,095	53,678	97,364,501	428,109	
九	53,867	90,841,376	2,091	412,950	2,356,874	
十	40,329,586	4,617,283	469,157	53,087	2,109	
十一	62,830,751	309,148	16,542	7,486,392	9,750	
十二	9,104	76,523	52,183,076	197,480	4,295,836	
十三	75,693	1,852,964	738,490	2,015	73,406,182	
十四	3,629,584	63,527,810	9,107	43,256	−870,491	
十五	147,208	9,704	3,628,495	67,051,398	12,563	
十六	86,537	2,094,675	6,139	948,021	30,174,825	
十七	2,149	869,013	2,907,653	37,850,614	58,742	
十八	5,706,492	52,407,381	814,029	86,537	6,913	
十九	138,059	48,672	38,051,746	9,312	2,750,649	
二十	71,643	5,391	84,257	−6,954,207	813,906	
合计						

会计技能比赛　账表算（中级）　模拟练习题 1

单位：　　　　　　　　　　姓名：　　　　　　　　　　考号：

要求：先做纵向计算，10 分/题，后做横向计算，8 分/题，不得跳题，否则倒扣分，轧平数 50 分，每页总分 200 分

项目	计算题数	错题数	对题数	分数	轧平	得分	初评	复核
纵向								
横向								

序号	一	二	三	四	五	六	七	合计
一	56,031.72	2,174.85	7,503.49	9,847.21	4,830.59	6,740.89	1,532.76	
二	4,958.16	87.02	14,967.82	6,320.79	7,194.28	3,682.34	9,804.35	
三	69,840.35	6,130.94	—40.65	8,135.04	2,549.86	52,341.67	2,376.09	
四	8,207.56	45,963.01	6,348.52	7,981.32	16.03	9,205.31	—8,413.27	
五	7,315.29	7,850.62	4,203.85	53,607.28	9,752.16	8,439.25	60.84	
六	3,498.06	9,463.25	8,617.09	1,536.47	46,298.05	6,871.49	5,206.98	
七	27.98	52,479.31	—1,892.76	5,280.69	8,307.41	4,157.06	74,983.12	
八	4,132.57	1,896.47	98,320.17	24.65	3,629.07	69,038.52	1,679.05	
九	1,240.76	6,502.38	1,305.94	7,048.19	52,137.46	27.18	—8,905.14	
十	9,081.43	3,087.91	2,657.31	41,935.06	7,308.51	1,590.37	53,142.67	
合计								

会计技能比赛　账表算（中级）　模拟练习题 2

单位：　　　　　　　　　　姓名：　　　　　　　　　　考号：

要求：先做纵向计算，10 分/题，后做横向计算，8 分/题，不得跳题，否则倒扣分，轧平数 50 分，每页总分 200 分

项目	计算题数	错题数	对题数	分数	轧平	得分	初评	复核
纵向								
横向								

序号	一	二	三	四	五	六	七	合计
一	45,920.61	1,063.74	6,482.39	8,736.01	3,729.48	5,638.79	1,420.65	
二	3,847.05	76.91	53,806.71	5,219.68	6,083.17	9,571.23	8,793.24	
三	58,739.24	5,029.83	−93.54	7,024.93	1,438.75	41,230.56	1,265.89	
四	7,156.49	34,850.92	5,237.41	6,870.21	20.59	8,104.29	−7,302.16	
五	6,204.18	6,741.59	3,142.79	42,596.17	8,641.05	7,328.14	93.75	
六	9,387.25	8,352.14	7,506.98	3,425.06	35,187.94	5,760.38	4,195.87	
七	16.87	41,368.02	−1,780.65	9,174.58	7,296.03	3,046.95	63,872.01	
八	3,021.46	5,780.36	87,219.06	13.54	9,518.26	58,927.41	5,068.49	
九	6,139.05	5,491.27	9,204.83	6,937.08	41,026.35	16.07	−9,874.03	
十	8,270.39	9,276.08	1,546.02	30,824.95	6,207.49	4,089.26	42,031.56	
合计								

会计技能比赛　账表算（高级）　模拟练习题 1

单位：　　　　　　　　姓名：　　　　　　　　考号：

项目	计算题数	错题数	对题数	分数	轧平	得分	初评	复核
纵向								
横向								

序号	一	二	三	四	五	六	七	合计
一	20,325.21	56,298.78	13,256.82	163,325.59	17,289.37	20,367.29	103,245.07	
二	57,102.44	62,331.75	2,371.28	26,559.81	265,338.48	3,021.11	−9,856.69	
三	207,338.21	109,254.36	17,208.99	4,502.21	29,875.15	528,324.46	20,301.72	
四	26,471.58	20,269.57	312,628.04	19,203.32	20,562.11	−97,625.83	216,339.78	
五	124,371.89	36,221.77	3,021.55	465,323.22	56,200.61	5,917.82	33,286.66	
六	89,701.21	103,226.49	45,323.62	56,232.74	126,338.87	21,359.71	5,087.06	
七	529,323.48	10,308.09	30,547.28	109,226.56	25,337.68	89,226.65	−85,264.63	
八	59,284.26	3,825.55	2,458.72	828,326.07	1,824.56	28,367.24	425,230.03	
九	8,125.55	24,367.15	325,426.87	64,268.99	642,338.98	−8,260.89	36,524.71	
十	20,359.15	34,267.27	215,328.08	5,709.08	21,020.33	214,286.75	4,126.29	
合计								

会计技能比赛　账表算（高级）　模拟练习题 2

单位：　　　　　　　　　　姓名：　　　　　　　　　　考号：

项目	计算题数	错题数	对题数	分数	轧平	得分	初评	复核
纵向								
横向								

序号	一	二	三	四	五	六	七	合计
一	71,328.01	23,421.61	53,854.26	163,325.59	2,059.87	19,216.56	210,014.39	
二	36,928.51	42,332.12	58,726.35	62,324.54	215,327.87	4,012.06	−8,289.33	
三	212,323.58	102,235.84	17,208.99	3,057.21	21,563.72	528,324.46	12,325.65	
四	48,328.68	39,229.59	138,262.37	26,306.45	17,286.26	−97,625.83	168,458.57	
五	206,301.07	36,256.41	3,021.55	401,021.77	28,646.09	8,405.15	25,326.76	
六	78,203.42	106,208.75	45,323.62	15,287.67	423,726.06	42,502.92	6,206.81	
七	326,173.83	10,308.09	21,341.71	201,521.16	25,337.68	46,258.68	−92,371.41	
八	43,286.65	3,724.54	3,452.12	828,326.07	1,026.08	24,328.78	135,240.60	
九	15,205.75	14,316.77	426,383.87	56,030.70	681,316.06	−9,368.78	27,580.10	
十	31,276.56	14,264.34	215,328.08	4,639.09	37,284.53	291,326.79	1,201.47	
合计								

项目七　珠算乘法

本项目分三个任务讲解珠算乘法的分类、运算规则、定位方法、数位等名词术语，以及空盘前乘法的基本运算方法。

任务一　珠算乘法概述

一、乘法的定义

求一个数的若干倍是多少的方法叫作乘法。乘法是加法的简便算法。

二、珠算乘法的分类

（一）基本乘法

有挨位乘法、隔位乘法（不挨位乘法）。

按运算顺序分，有前乘法（头乘法）、后乘法（尾乘法）。其中前乘法又分为空盘前乘法、置数前乘法；后乘法又分为空盘后乘法、置数后乘法。置数后乘法主要有破头乘、留头乘、掉尾乘三种运算方法。我们主要学习空盘前乘法的运算方法。

（二）简捷乘法

有补数乘法、省略乘法、定身乘法、倍数乘法、移积乘法等。

三、珠算乘法中常用的名词术语

（1）实数（实）：指被乘数（被除数、被加数、被减数）。

（2）法数（法）：指乘数（除数、加数、减数）。

（3）部分积：指乘数的每一位与被乘数的乘积，它是总乘积的一部分。如 7,625×37，乘数首位数 3 与 7,625 的积、乘数末位数 7 与 7,625 的积，都叫作部分积。或者是指被乘数的每一位与乘数的乘积，它也是总乘积的一部分。如 7,625× 37，被乘数首位数 7 与乘数 37 的积、被乘数第二位数 6 与 37 的积、被乘数第三位数 2 与 37 的积、被乘数第四位数 5 与 37 的积，都叫作部分积。

（4）叉位相加：指乘数的每一位与被乘数相乘时，每一个九九乘积都是交错地加在一起。如 7,625×3，用前乘法运算，乘数 3 与被乘数 7,625 每一位数的乘积“21”“18”“06”“15”相加时，后一个积的十位数在前一个积的个位数相加，依此类推。

即
```
21
 18
  06
   15
-------
22,875
```

（5）递位叠加：根据乘法运算顺序的不同，分为前乘法递位叠加与后乘法递位叠加，区别为前乘与后乘两种递位方向；前乘法递位叠加如上例，是从左到右运算，在前次乘积的个位档加本次乘积的十位，本次乘积的个位加下次乘积的十位，依此类推。

后乘法递位叠加，是从右到左运算，在前次乘积的十位档加本次乘积的个位，本次乘积的十位加下次乘积的个位，依此类推。

如 7,625×3，乘数 3 与被乘数 7,625 每一位数的乘积“15”“06”“18”“21”相加时，后一个积的个位数在前一个积的十位数相加，依此类推。

即
```
      15
     06
    18
   21
 ──────────
  22,875
```

四、珠算乘法的运算规则

（1）珠算乘法符合交换率，例如：$a \times b = b \times a$。

（2）运算顺序要求固定（即采用前乘运算应从左至右依次运算，采用后乘运算应从右至左依次运算，中途不能改变运算顺序）。

（3）采用“大九九”乘法口诀，乘积递位叠加。

五、“大九九”乘法口诀

（一）“大九九”乘法口诀表

详见表 3 - 3。

表 3 - 3 “大九九”乘法口决表

乘数	一	二	三	四	五	六	七	八	九
一	一一 01	一二 02	一三 03	一四 04	一五 05	一六 06	一七 07	一八 08	一九 09
二	二一 02	二二 04	二三 06	二四 08	二五 10	二六 12	二七 14	二八 16	二九 18
三	三一 03	三二 06	三三 09	三四 12	三五 15	三六 18	三七 21	三八 24	三九 27
四	四一 04	四二 08	四三 12	四四 16	四五 20	四六 24	四七 28	四八 32	四九 36
五	五一 05	五二 10	五三 15	五四 20	五五 25	五六 30	五七 35	五八 40	五九 45
六	六一 06	六二 12	六三 18	六四 24	六五 30	六六 36	六七 42	六八 48	六九 54
七	七一 07	七二 14	七三 21	七四 28	七五 35	七六 42	七七 49	七八 56	七九 63
八	八一 08	八二 16	八三 24	八四 32	八五 40	八六 48	八七 56	八八 64	八九 72
九	九一 09	九二 18	九三 27	九四 36	九五 45	九六 54	九七 63	九八 72	九九 81

（二）“大九九”乘法口诀的特点

（1）每句口诀均为四字句，前两个中文小写数字表示乘数与被乘数，后两个阿拉伯数字表示乘积。

（2）乘积有两位的也有一位的，凡乘积是一位的，均在其前面补一个“0”，以示定位。

（三）“大九九”乘法口诀与“小九九”乘法口诀的联系、区别

1. 联系

“大九九”（81 句口诀）包括：

（1）“小九九”：45 句口诀，表中右上方的口诀，包括 36 句“小九九”和 9 句“平九九”（被乘数与乘数相同的九句为“平九九”）。

（2）“逆九九”：36 句“逆九九”（表中左下方的口诀）。

所以，“大九九”包括“小九九”，“小九九”是“大九九”的一部分。

2. 区别

“大九九”前两个中文小写数字固定地表示乘数与被乘数；“小九九”则不固定。例如：

大九九：2×4，用口诀“四二 08”，4×2，用口诀“二四 08”。

小九九：2×4 与 4×2，均用“二四 08”同一句口诀。

六、数位的概念

（1）首位（最高位）：指一个数最先不是零的那一位。如：65、650、6,500、6.50、0.65、0.065、0.0065 它们的首位都是“6”。

（2）首位数位（位数）：指一个数的整数部分或纯小数小数点后连续“0”的部分（指一个数的首位所处的档位）。如上例，它们分别是：+2 位数、+3 位数、+4 位数、+1 位数、0 位数、−1 位数、−2 位数。

位数，又细分为正位数、零位数、负位数三种。

1）正位数（正几位数）：对整数或带小数而言，它有几位整数，就称为正几位。

如：65、650、6,500、6.50、65.23、654.87，它们分别是：+2 位数、+3 位数、+4 位数、+1 位数、+2 位数、+3 位数。

2）零位数：对纯小数而言，小数点以后紧跟的是有效数字（非零数），就是零位数。如 0.56、0.39、0.2、0.9、0.7625 等，它们都是零位数。

（3）负位数（负几位数）：对纯小数而言，小数点以后至第一个有效数字（非零数）之间，连续有几个“0”，就是负几位数。如 0.056、0.0039、0.00023、0.00009 分别为−1 位数、−2 位数、−3 位数、−4 位数。

七、乘法的标记定位法

标记定位法也叫固定个位档定位法，属于事先定位，即两个数未乘之前，先将乘积的个位档定出来，其优点就是当遇到小数位数较多的题型运算时，可以只计算到小数点后第三位即可，后面的部分可以省略不计，即可提高运算效率。

标记定位法的具体定位方法如下：

（1）确标定点：即任选一记位点为积的小数点或个位档。若算盘的记位点在两档之间，则将该记位点定为小数点，若算盘的记位点在横梁与档的交叉点处，则将该记位点直接定为积的个位。

（2）确定综合总位数：

综合总位数=实数的位数+法数的位数

综合总位数是正几位数、0 位数或负几位数，就把正几位档、0 档或负几位档当成首位档。

若采用空盘前乘法运算，则从首档开始，依次拨入实数的首位数与法数的首位数乘积的十位数，个位加在其右一档，而后递位叠加即可。

任务二　一位数“空盘前乘法”的运算

一、空盘前乘法

既不拨实数入盘也不拨法数入盘，而直接将乘积拨入算盘且采用前乘的运算顺序，即眼看被乘数，默记乘数，从被乘数和乘数的最高位至末位一一相乘，直至被乘数的末位和乘数的每一位均乘完为止，这种运算方法称为空盘前乘法。

空盘前乘法的优点有：直接将乘积按位相加拨入算盘，可以减少拨珠次数，规律性强，运算速度较快，是广泛应用的方法。但在运算过程中，首先要采用标记定位法（也叫固定个位档定位法）对乘积进行算前定位。

二、一位数乘法

一位数乘法简称一位乘法，指乘数是一位有效数字的乘法。有效数字是指非零数。如：

625×7=　　625×70=　　625×700=

625×0.7=　　625×0.07=　　625×0.007=

以上的各个乘数的有效数字都是“7”。

三、一位数空盘前乘法

若采用空盘前乘法运算一位数乘法，就叫一位数空盘前乘法。

例 1　625×7=4,375。

运算步骤：

（1）定位：用标记定位法确定乘积的个位档，即+1 档。

（2）运算：实数 625 为+3 位，法数 7 为+1 位，总位数为+4 位，应从首档（+4 档）开始依次递位叠加 7 与 625 每一位的乘积，即“42”“14”“35”，得数为 4,375（见图 3-56、图 3-57）。

图 3-56

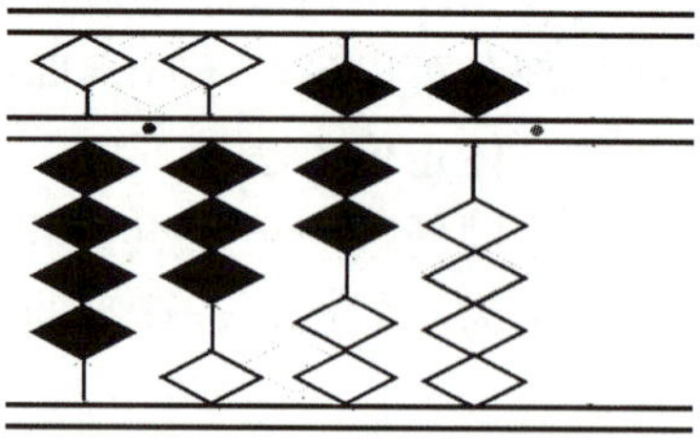

图 3-57

（3）写得数：将得数 4,375 正确抄写即可。

例 2　625×0.07=43.75。

运算步骤：

（1）定位：用标记定位法确定乘积的个位档，即+1 档。

（2）运算：实数 625 为+3 位，法数 0.07 为－1 位，总位数为+2 位，应从首档（+2 档）开始依次递位叠加 7 与 625 每一位的乘积，即“42”“14”“35”，得数为 43.75。

（3）写得数：将得数 43.75 正确抄写即可。

例 3 7,368×800=5,894,400。

运算步骤：

（1）定位：用标记定位法确定乘积的个位档，即+1 档。

（2）运算：实数 7,368 为+4 位，法数 800 为+3 位，总位数为+7 位，即应从首档（+7 档）开始依次递位叠加 8 与 7,368 每一位的乘积，即“56”“24”“48”“64”，得数为 5,894,400。

（3）写得数：将得数 5,894,400 正确抄写即可。

例 4 123×3=369。

运算步骤：

（1）定位：用标记定位法确定乘积的个位档，即+1 档。

（2）运算：实数 123 为+3 位，法数 3 为+1 位，总位数为+4 位，应从首档（+4 档）开始依次递位叠加 3 与 123 每一位的乘积，即“03”“06”“09”，得数为 369。

（3）写得数：将得数 369 正确抄写即可。

注意：

（1）乘数 3 与 123 每一位相乘的积的十位数均为“0”，加积时勿加错档位。

（2）此题由于实首“1”与法首“3”的乘积为“03”，即乘积的十位为“0”，后面的乘积相加后又未进位，故最终乘积为三位，而不是四位。

例 5 809×6=4,854。

运算步骤：

（1）定位：用标记定位法确定乘积的个位档，即+1 档。

（2）运算：实数 809 为+3 位，法数 6 为+1 位，总位数为+4 位，应从首档（+4 档）开始依次递位叠加 6 与 809 每一位的乘积，即“48”“00”“54”，得数为 4,854。

（3）写得数：将得数 4,854 正确抄写即可。

例 6 8,009×6=48,054。

运算步骤：

（1）定位：用标记定位法确定乘积的个位档，即+1 档。

（2）运算：实数 8,009 为+4 位，法数 6 为+1 位，总位数为+5 位，应从首档（+5 档）开始依次递位叠加 6 与 8,009 每一位的乘积，即“48”“00”“00”“54”，得数为 48,054。

（3）写得数：将得数 48,054 正确抄写即可。

注意：例 5、例 6 是实数中有“0”的，注意加积档位规律，切勿加错档位。

随手练

要求用空盘前乘法运算，保留两位小数，以下四舍五入：

(1) 7,625×7=
(2) 8,345×0.7=
(3) 0.698×0.7=
(4) 6.23×0.8=
(5) 64,500×0.7=
(6) 685×700=
(7) 0.6987×0.8=
(8) 0.6007×0.9=
(9) 69.87×0.03=
(10) 0.6283×40=
(11) 5,793×60=
(12) 7,698×8=
(13) 7,329×4=
(14) 9,674×90=
(15) 7,643×0.07=
(16) 79,600×400=
(17) 4,329×6,000=
(18) 4,028×8,000=
(19) 7,369×400=
(20) 5,237×3,000=

任务三　多位数空盘前乘法的运算

一、多位数乘法

多位数乘法指乘数是二位或二位以上有效数字的乘法。如：

625×76=　　625×0.76=　　625×69=

625×768=　　625×0.768=

二、多位数空盘前乘法的运算

（1）定位：采用标记定位法对乘积进行算前定位。

（2）多位数乘法的运算方法（步骤）：

1）找首位档：实数与法数位数之和即总位数，总位数为正几位，正几档就为首档；总位数为0位，0位档就为首档；总位数为负几位，负几档就为首档。

2）运算时先从首档起拨入乘数的首位数与实数的首位数乘积的十位数，乘积的个位在其右一档加上，而后递位叠加即可。

3）乘数的第二位数与实数的首位数乘积的十位数，从首位档的右一档开始相加，其乘积的个位从首位档的右二档相加，而后递位叠加。

4）乘数的其余各位与实数的乘积依次运算即可，规律相同。

例1　625×76=47,500。

运算步骤：

（1）定位：确定乘积的个位档，假设以算盘右边第二个记位点的左一档为积的个位（即+1位）。

（2）找首位档：实数625与法数76位数之和为+5位，即总位数为+5位，+5档（即万位档）就为首档。

(3) 从+5档开始依次拨入法数76的首位数7与实数625的乘积，口诀为“七六42”“七二14”“七五35”，乘积依次递位叠加，即得出第一个“部分积”4,375（见图3-58）。

(4) 从+4档开始依次拨入法数76的第二位数6与实数625的乘积，先加“六六36”（见图3-59），再加“六二12”（见图3-60），最后加“六五30”（见图3-61），乘积依次递位叠加完，即得出最终乘积为47,500。

图3-58

图3-59

图3-60

图3-61

例2　0.625×0.76≈0.48。

运算步骤：

(1) 定位：确定乘积的个位档，假设以算盘右边第二个记位点的左一档为积的个位（即+1位）。

(2) 找首位档：实数0.625与法数0.76位数之和为0位，即总位数为0位，0档（即十分位档）就为首档。

(3) 定位后，实数、法数的有效数字与例1相同。从0档开始依次拨入法数76的首位数7与实数625的乘积，口诀为“七六42”“七二14”“七五35”，乘积依次递位叠加，即得出第一个“部分积”4,375。

(4) 从负1档（百分位档）开始依次拨入法数76的第二位数6与实数625的乘积，口诀为“六六36”“六二12”“六五30”，乘积依次递位叠加，即得出最终乘积为0.475，根据“四舍五入”的要求，则最终乘积应写为0.48。

例3　625×0.076=47.50。

运算步骤：

(1) 定位：确定乘积的个位档，假设以算盘右边第二个记位点的左一档为积的个位

（即＋1 位）。

（2）找首位档：实数 625 与法数 0.076 位数之和为＋2 位，即总位数为＋2 位，＋2 档（即十位档）就为首档。

（3）从＋2 档开始依次拨入法数 0.076 的首位数 7 与实数 625 的乘积，口诀为“七六42”“七二 14”“七五 35”，乘积依次递位叠加，即得出第一个“部分积”4,375。

（4）从＋1 档开始依次拨入法数 0.076 的第二位数 6 与实数 625 的乘积，口诀为“六六 36”“六二 12”“六五 30”，乘积依次递位叠加，即得出最终乘积为 47.50。

例 4　0.625×0.076≈0.05。

运算步骤：

（1）定位：确定乘积的个位档，假设以算盘右边第二个记位点的左一档为积的个位（即＋1 位）。

（2）找首位档：实数 0.625 与法数 0.076 位数之和为－1 位，即总位数为－1 位，－1 档（即百分位档）就为首档。

（3）从－1 档开始依次拨入法数 0.076 的首位数 7 与实数 625 的乘积，口诀为“七六42”“七二 14”“七五 35”，乘积依次递位叠加，即得出第一个“部分积”4,375。

（4）从－2 档开始依次拨入法数 0.076 的第二位数 6 与实数 625 的乘积，口诀为“六六 36”，此时乘积已经是 0.047,35，小数点后的第三位数已经大于 5，故后面的运算即可省略，根据“四舍五入”的要求，则最终乘积应写为 0.05。

例 5　79×4,563＝360,477。

运算步骤：

（1）定位：确定乘积的个位档，假设以算盘右边第二个记位点的左一档为积的个位（即＋1 位）。

（2）找首位档：实数 79 与法数 4,563 位数之和为＋6 位，即总位数为＋6 位，＋6 档（即十万位档）就为首档。

对于此类题，因为实数的位数为 2 位，比乘数 4,563 的位数 4 位要少，故应用实数的首位数“7”依次去乘以乘数 4,563 较为简便。

（3）从＋6 档开始依次拨入实数 79 的首位数 7 与法数 4,563 的乘积，口诀为“七四28” “七五 35” “七六 42” “七三 21”，乘积依次递位叠加，即得出第一个“部分积”31,941。

（4）从＋5 档开始依次拨入实数 79 的第二位数 9 与法数 4,563 的乘积，口诀为“九四36”“九五 45”“九六 54”“九三 27”，乘积依次递位叠加，即得出最终乘积为 360,477。

例 6　123×31＝3,813。

运算步骤：

（1）定位：用标记定位法确定乘积的个位档，即＋1 档。

（2）运算：实数 123 为＋3 位，法数 31 为＋2 位，总位数为＋5 位，应从首档（＋5 档）开始依次递位叠加 3 与 123 每一位的乘积，即“03” “06” “09”，得第一个部分积为 369。

（3）从＋4 档开始依次递位叠加乘数 31 的第二位数 1 与被乘数 123 每一位的乘积，即

“01”“02”“03”，得数为 3,813。

（4）写得数：将最终得数 3,813 正确抄写即可。

注意：

（1）乘数 3 与 123 每一位相乘的积的十位数均为“0”，加积时勿加错档位。

（2）由于实首 1 与法首 3 的乘积为“03”，即乘积的十位为“0”，后面的乘积相加后又未进位，故最终乘积为 4 位数，而不是 5 位数。

例 7　809×68=55,012。

运算步骤：

（1）定位：用标记定位法确定乘积的个位档，即+1 档。

（2）运算：实数 809 为+3 位，法数 68 为+2 位，总位数为+5 位，应从首档（+5 档）开始依次递位叠加首位乘数 6 与被乘数 809 每一位的乘积，即“48”“00”“54”得第一个部分积为 4,854。

（3）从+4 档开始依次递位叠加乘数 68 的第二位数 8 与被乘数 809 每一位的乘积，即“64”“00”“72”，得数为 55,012。

（4）写得数：将最终得数 55,012 正确抄写即可。

注意：此题中被乘数 809 中有“0”，任何数与 0 相乘其乘积均为“00”，即乘积的十位、个位均为“0”，不要加错档位。

例 8　8,009×68=544,612。

运算步骤：

（1）定位：用标记定位法确定乘积的个位档，即+1 档。

（2）运算：实数 8,009 为+4 位，法数 68 为+2 位，总位数为+6 位，应从首档（+6 档）开始依次递位叠加首位乘数 6 与被乘数 8,009 每一位的乘积，即“48”“00”“00”“54”，得第一个部分积为 48,054。

（3）从+5 档开始依次递位叠加乘数 68 的第二位数 8 与被乘数 8,009 每一位的乘积，即“64”“00”“00”“72”，得数为 544,612。

（4）写得数：将最终得数 544,612 正确抄写即可。

注意：

（1）被乘数 8,009 中有两个“0”，任何数与 0 相乘其乘积均为“00”，即乘积的十位、个位均为“0”，不要加错档位。

（2）当遇到被乘数中有一个“0”或几个“0”时，可用含有“0”的被乘数去乘以乘数，这样可避免与多个“0”相乘，以免加错档位。因此，例 8 的另一种运算方法（步骤）如下：

1）定位：用标记定位法确定乘积的个位档，即+1 档。

2）运算：实数 8,009 为+4 位，法数 68 为+2 位，总位数为+6 位，应从首档（+6 档）开始依次递位叠加首位被乘数 8 与乘数 68 每一位的乘积，即“48”“64”，得第一个部分积为 544。

3）被乘数 8,009 中的两个 0 与乘数 68 的乘积均为“0”，可省略。

4）被乘数 8,009 中的 9 是被乘数的第四位，故应从首档（+6 档）往右数的第四档

（十3 档）起，依次递位叠加第四位被乘数 9 与乘数 68 每一位的乘积，口诀为“九六 54”“九八 72”，将乘积“54”“72”依次递位叠加，得数为 544,612。

5）写得数：将最终得数 544,612 正确抄写即可。

此种运算方法避免了与被乘数中的“0”相乘，以避免加错档位，还可使运算速度更快。

随手练

要求用空盘前乘法运算，保留两位小数，以下四舍五入：

（1）7,625×87＝	（21）5,793×64＝
（2）8,345×0.67＝	（22）7,698×89＝
（3）0.698×0.97＝	（23）7,329×486＝
（4）6.23×0.89＝	（24）9,674×907＝
（5）64,500×0.786＝	（25）7,643×0.074＝
（6）685×708＝	（26）79,600×479＝
（7）0.6987×0.982＝	（27）4,329×6,053＝
（8）0.6007×8.93＝	（28）7,028×8,009＝
（9）69.87×0.037＝	（29）6,009×439＝
（10）0.6283×406＝	（30）5,237×3,006＝
（11）826×9.75＝	（31）7,060×80.37＝
（12）80,006×9,765＝	（32）4,007×52.87＝
（13）0.6807×5.67＝	（33）6,007×9,008＝
（14）800.61×93.79＝	（34）7,004×10.07＝
（15）76,004×9,827＝	（35）3,021×92.36＝
（16）675×894＝	（36）408×365＝
（17）6,074×8.27＝	（37）0.28×0.2036＝
（18）7,064×0.72＝	（38）8,947×653＝
（19）0.9134×52.97＝	（39）491×537＝
（20）3,576×1,873＝	（40）0.8203×6.51＝

项目小结

本项目介绍的内容有珠算乘法的定义、运算规则、名词术语、定位方法，“大九九”乘法口诀等，以及一位数和多位数空盘前乘法的运算。

巩固练习

1. 熟悉珠算乘法的运算规则。
2. 了解“大九九”乘法口诀的特点。
3. 了解“大九九”乘法口诀与“小九九”乘法口诀的联系、区别。

4. 了解标记定位法的具体定位方法。

项目八 珠算除法

本项目分三个任务讲解珠算除法的定义、珠算除法的分类、定位方法，隔位商除法的基本运算步骤、运算方法，以及商除法的估商方法。

任务一 珠算除法概述

一、除法的定义

已知两个因数的积与其中一个因数，求另一个因数的运算，叫作除法。也可以说，把一个数平均分成若干份，求每一份是多少，即为除法。

在实际生活中，比如一箱苹果重 24 千克，4 个人平均分，每人能分多少千克？即24÷4=6（千克）。

二、珠算除法的分类

根据运算方法的不同，珠算除法可分为基本除法与简捷除法。

基本除法又根据置商（立商）位置的不同，可分为挨位除法与隔位除法（也叫不挨位除法）。其中挨位除法的代表为归除法、改除法（挨位商除法，或归商结合除法），隔位除法的代表为商除法（即隔位商除法）。

三、除法中的名词术语

（1）实数（实）：指被除数。

（2）法数（法）：指除数。

（3）递位叠减：即在除法运算过程中用商数去乘除数，边乘边减，在减上次乘积的个位档减本次乘积的十位数，在本次乘积的个位减下次乘积的十位数，依次递位叠减（也叫叉位相减）。

四、商除法

（一）商除法的定义

在除法运算中，用“大九九”乘法口诀心算估商，将试商（初次所估的商数）与除数的乘积从被除数中减去，依次运算，直到除尽或计算至要求保留的小数位数为止，这种运算方法称为商除法。

商除法是我国传统的珠算基本除法，其运算方法与笔算除法基本相同，都是利用“大九九”乘法口诀经过估商、减积等步骤来求商，不同的只是运算工具与置商的位置而已。

商除法按其立商原则的不同又可分为隔位商除法与不隔位商除法（或叫挨位商除法、改商除法、归商结合除法）两种，比较来讲，这两种方法各有利弊，前者易学，减积过程直观明了，但算前定位较麻烦，速度也稍慢；后者算前定位较易，速度较快，但不够除时的减积过程初学者较难理解。

这里重点介绍隔位商除法，以下简称商除法。

（二）商除法的运算方法、运算步骤

（1）定位与置实数入盘。

（2）立商原则。立商是确立商数或置商数的档次（档位）的简称。

1）够除的隔位立商。够除是指实数的首位数大于除数的首位数，如：

8÷7　　48÷3　　63÷61　　55÷5　　8÷8

2）不够除的挨位立商。不够除是指实数的首位数小于除数的首位数，如：

18÷7　　48÷6　　63÷65　　55÷6

（3）估商。即估计被除数（或余数）够除数的几倍。

（4）减积。即减去商数与除数的乘积。商除法的减积档位规律为：在试商的右邻档减去商数和除数首位数乘积的十位，在十位的右一档减去个位，而后递位叠减。

（三）隔位商除法的标记定位法与置数

1. 隔位商除法的标记定位法

除法的定位方法目前多采用标记定位法，也叫固定个位档定位法，它属于算前定位，其优点是在有小数的商数运算时，可只计算到要求保留的小数位数，后面的部分可省略不再运算（看余数决定四舍五入的方法），这样可以相对提高运算速度。

隔位商除法的标记定位法的具体步骤为：

（1）确定个位档。任选一个记位点为小数点（或个位），一般以算盘右起第三个记位点为小数点（或个位），小数点的左一档就是个位档，该个位档即商数的个位档。

（2）综合实数和法数的总位数。在珠算术语中，被除数又叫实数，简称“实”；除数又叫法数，简称“法”。

总位数＝“实”的位数－“法”的位数－1

注：用隔位商除法必须减去1。

若用挨位商除法（改除法）或归除法运算，则：

总位数＝“实”的位数－“法”的位数

2. 隔位商除法的置数

根据总位数去置数（置实），即拨被除数入盘。

总位数为正几位（0位、负几位），就从正几档（0位档、负几档）开始依次拨入被除数。例如：625÷5，以算盘右起第三个记位点为小数点（或个位），小数点的左一档就是个位档，该个位档即商数的个位档。例如，625为＋3位，5为＋1位，总位数＝3－1－1＝1，即从＋1档拨入“625”，然后按步骤依次做商除法运算。具体运算方法将在任务二中介绍。

任务二　一位数商除法

一位数商除法，是指除数是一位有效数字的除法。如625÷5、625÷50、625÷500、625÷0.5、625÷0.05、625÷0.005，因为除数5、50、500、0.5、0.05、0.005均为一位有效

数字，故它们均为一位数商除法，可简称“一位除”。

前面已经讲过隔位商除法的运算步骤，下面结合具体例题来加以介绍。

例 1 625÷5＝125。

运算步骤：

(1) 定位置数：即用标记定位法确定个位档。

总位数＝“实”的位数－“法”的位数－1（注：用隔位商除法必须减去 1），即 3－1－1＝1，从＋1 档（即个位档）拨被除数 625 入盘，见图 3-62。

(2) 立商（置商）：实首 6 大于法首 5，则为“够除隔位置商数”，即应从＋3 档（百位档）拨商数。

(3) 估商：求首商，“6”是“5”的 1 倍，即应从＋3 档（百位档）拨商数“1”，见图 3-63。

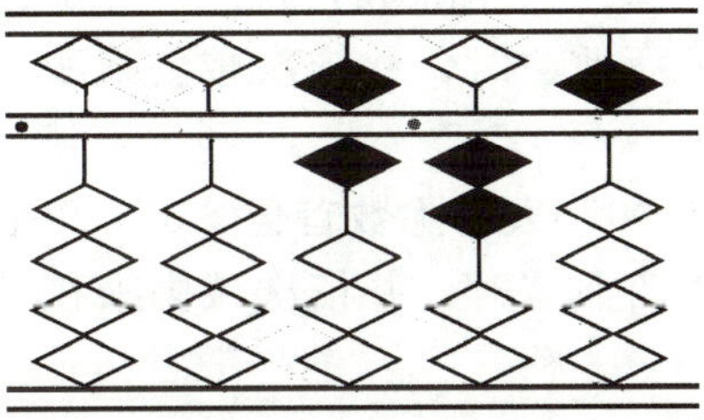

图 3-62

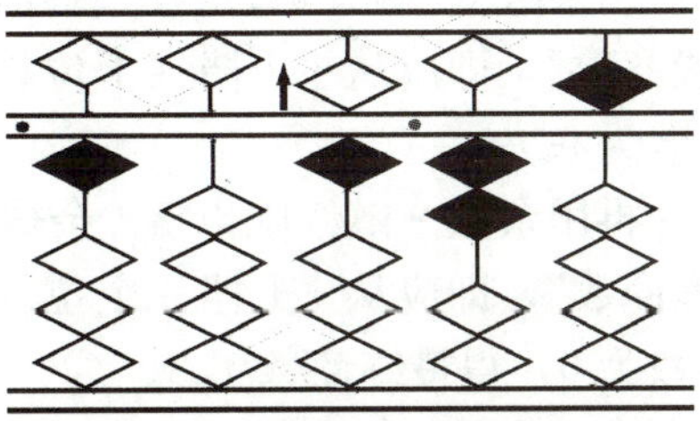

图 3-63

(4) 减积：商数“1”与除数“5”的乘积为“05”，即从＋2 档与＋1 档依次减 05，得首商“1”，余数 125，见图 3-64。

求二商：用余数 125 继续除以 5，余数首位“1”小于除数首位“5”，“不够除挨位置商数”，余数的前两位为“12”，是 5 的 2 倍，即挨位置商数“2”，即在＋2 档（十位档）拨商数“2”，然后减去其乘积“10”，得二商“2”，此时余数为 25，见图 3-65。

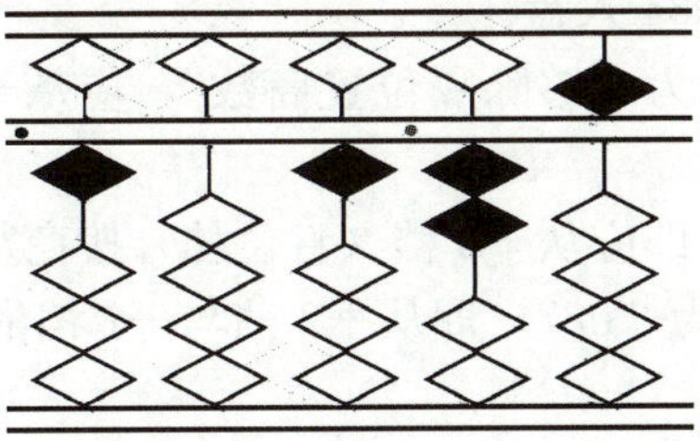

图 3-64

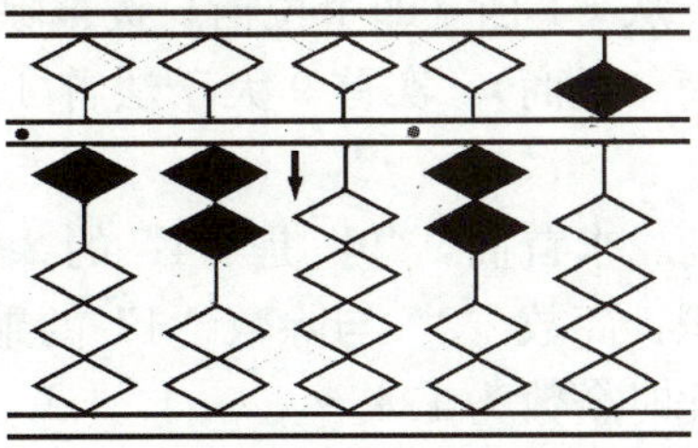

图 3-65

求三商：用余数 25 继续除以 5，余数首位“2”小于除数首位“5”，“不够除挨位置商数”，余数的前两位为“25”，是 5 的 5 倍，即挨位置商数“5”，即在＋1 档（个位档）拨商数“5”，然后减去其乘积“25”，得三商“5”，此时余数为 0，即除尽，得最终商数为“125”，见图 3-66。

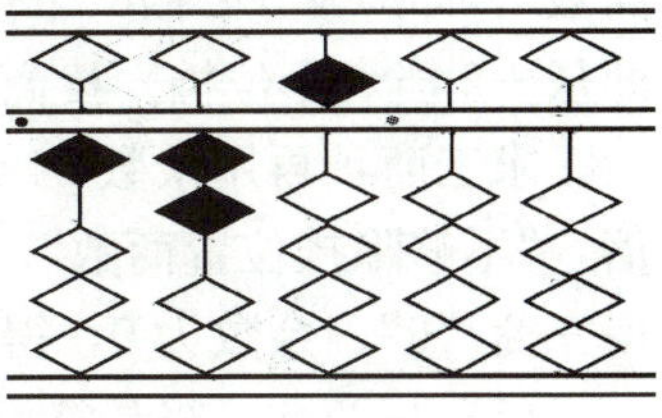

图 3-66

（5）写商数：将最终商数 125 正确抄写即可。

例 2　369÷3=123。

运算步骤：

（1）定位置数：用固定个位档定位法先确定个位档。

总位数＝“实”的位数－“法”的位数－1（注：用“隔位商除法”必须减去 1），即 3－1－1=1，从+1 档（即个位档）拨被除数 369 入盘。

（2）立商（置商）：实首 3 等于法首 3，则为“够除隔位置商数”，应从+3 档（百位档）拨商数。

（3）估商：求首商，“3”是“3”的 1 倍，即应从+3 档（百位档）拨商数“1”。

（4）减积：商数“1”与除数“3”的乘积为“03”，即从+2 档与+1 档依次减 03，得首商“1”，余数 69。

求二商：用余数 69 继续除以 3，余数首位“6”大于除数首位“3”，6 是 3 的 2 倍，“够除隔位置商数”，即应从+2 档（十位档）拨商数“2”，并依次减去乘积“06”，得二商“2”，余数为 9。

求三商：再用余数 9 继续除以 3，余数首位“9”大于除数首位“3”，9 是 3 的 3 倍，“够除隔位置商数”，即应从+1 档（个位档）拨商数“3”，并依次减去乘积“09”，得三商“3”，余数为 0，得最终商数 123。

（5）写商数：将最终商数 123 正确抄写即可。

例 3　369÷300=1.23。

运算步骤与例 2 类似，不做重复，请自行运算。

例 4　984÷4=246。

运算步骤与例 2 类似，具体如下：

（1）定位置数：用固定个位档定位法确定个位档。

总位数＝“实”的位数－“法”的位数－1（注：用“隔位商除法”必须减去 1），即 3－1－1=1，从+1 档（即个位档）拨被除数 984 入盘。

（2）立商（置商）：实首 9 大于法首 4，则为“够除隔位置商数”，应从+3 档（百位档）拨商数。

（3）估商：求首商，“9”是“4”的 2 倍，即应从+3 档（百位档）拨商数“2”。

（4）减积：商数“2”与除数“4”的乘积为“08”，即从+2 档与+1 档依次减 08，得首商“2”，此时余数为 184。

求二商：用余数 184 继续除以 4，余数首位“1”小于除数首位“4”，“不够除挨位置商数”，即应从+2 档（十位档）拨商数，余数的前二位 18 是除数 4 的 4 倍，则估商“4”，即从+2 档（十位档）拨商数“4”，并依次减去乘积“16”，得二商“4”，此时余数为 24。

求三商：再用余数 24 继续除以 4，余数首位“2”小于除数首位“4”，24 是 4 的 6 倍，“不够除挨位置商数”，即应从+1 档（个位档）拨商数“6”，并依次减去乘积“24”，得三商“6”，余数为 0，得最终商数 246。

（5）写商数：将最终商数 246 正确抄写即可。

随手练

一位数除法练习，要求保留两位小数，以下四舍五入：

(1) 625÷500=
(2) 84÷2=
(3) 12÷6=
(4) 369÷0.3=
(5) 369÷300=
(6) 369÷30=
(7) 369÷0.03=
(8) 369÷0.003=
(9) 9.84÷4=
(10) 1,500÷4=
(11) 123,456,789÷2=
(12) 123,456,789÷3=
(13) 123,456,789÷4=
(14) 123,456,789÷5=
(15) 123,456,789÷6=
(16) 123,456,789÷7=
(17) 123,456,789÷8=
(18) 123,456,789÷9=
(19) 987,654,321÷9=
(20) 987,654,321÷8=
(21) 987,654,321÷7=
(22) 987,654,321÷6=
(23) 987,654,321÷5=
(24) 987,654,321÷4=
(25) 987,654,321÷3=
(26) 987,654,321÷2=

任务三 多位数商除法

一、多位数除法

除数是二位或二位以上有效数字的除法，称为多位数除法。

用隔位商除法运算多位数除法称为多位数商除法，简称多位商除法；若用挨位商除法（改除法）运算多位数除法，称为多位改除法。此处重点介绍多位商除法。

二、多位商除法的运算

例1 504÷14=36。

运算步骤：

(1) 定位置数：用固定个位档定位法确定个位档。

总位数=“实”的位数－“法”的位数－1（注：用“隔位商除法”必须减去1），即3－2－1=0，从0位档拨被除数504入盘。

(2) 立商（置商）：实首5大于法首1，则为“够除隔位置商数”，应从+2档（十位档）拨商数。

(3) 估商：求首商，“50”是“14”的3倍，即应从+2档（十位档）拨商数“3”。

(4) 减积：商数“3”与除数“14”的乘积为“042”，即从+1档起依次减042，得首位商数为3，此时余数为84。

求二商：用余数84继续除以14，余数首位“8”大于除数首位“1”，84是14的6倍，“够除隔位置商数”，即应从+1档（个位档）拨商数“6”，并依次减去6与14的乘积

“084”，得第二位商数为 6，此时余数为 0，除尽，得最终商数为 36。

（5）写商数：将最终商数 36 正确抄写即可。

例 2　3.2554÷0.61=5.34（要求保留两位小数，以下四舍五入）。

运算步骤：

（1）定位置数：用固定个位档定位法确定个位档。

总位数＝“实”的位数－“法”的位数－1（注：用“隔位商除法”必须减去 1），即 1－0－1＝0，从 0 位档拨被除数 3.2554 入盘。

（2）立商（置商）：实首 3 小于法首 6，则为“不够除挨位置商数”，应从＋1 档（个位档）拨商数。

（3）估商：求首商，“32”小于“61”，根据试商口诀“六除商大 2”，即商数应比被除数的首位数“3”大 2，即试商“5”，应从＋1 档（个位档）拨首位商数“5”。

（4）减积：商数“5”与除数“61”的乘积为“30”与“05”，依次从 0 档起减，得首位商数为 5，此时余数为 2,054。

求二商：用余数 2,054 继续除以 61，余数首位“2”小于除数首位“6”，或 20 小于 61，“不够除挨位置商数”，即应从 0 档拨商数“3”，并依次减去 3 与 61 的乘积“18”“03”，得第二位商数为 3，此时余数为 224。

求三商：用余数 224 继续除以 61，余数首位“2”小于除数首位“6”，或 22 小于 61，“不够除挨位置商数”，即应从－1 档拨商数“3”，并依次减去 3 与 61 的乘积“18”“03”，得第三位商数为 3，此时余数为 41，前三位商数为 5.33。

此时，已经除到小数点后第二位，按四舍五入要求，因为余数为 41，其二倍为 82，82 大于除数 61，则小数点后第三位商数大于 5，应“入”，则确定最终商数应为 5.34。

（5）写商数：将最终商数 5.34 正确抄写即可。

看余数决定“四舍五入”的方法：

若余数的二倍≥除数，则商数≥5，则末位入 1；

若余数的二倍小于除数，则商数小于 5，则舍去，末位不入 1。

例 3　15,745÷235=67。

运算步骤：

（1）定位置数：用固定个位档定位法确定个位档。即 5－3－1＝1，从＋1 档（个位档）拨被除数 15,745 入盘。

（2）立商（置商）：实首 1 小于法首 2（或 157 小于 235），则为“不够除挨位置商数”，应从＋2 档（十位档）拨商数。

（3）估商：求首商，“157”小于“235”，根据试商口诀“二除一商 6 或 5”，此题可试商“6”，即从＋2 档（十位档）拨首位商数“6”。

（4）减积：商数“6”与除数“235”的乘积为“12”“18”“30”，依次从＋1 档起减，得首位商数为 6，此时余数为 1645。

求二商：用余数 1,645 继续除以 235，余数前三位“164”小于 235，则为“不够除挨位置商数”，即应从＋1 档（个位档）拨商数；估商为“7”，商数“7”与除数“235”的乘积为“14”“21”“35”，依次从 0 档起减，得第二位商数为 7，此时余数为 0，除尽，得最终商数为 67。

（5）写商数：将最终商数 67 正确抄写即可。

例 4　2,433,972÷7,654=318。

运算步骤：

（1）定位置数：用固定个位档定位法确定个位档。即 7−4−1=2，从+2 档（十位档）拨被除数 2,433,972 入盘。

（2）立商（置商）：实首 2 小于法首 7（或 2,433 小于 7,654），则为“不够除挨位置商数”，应从+3 档（百位档）拨商数。

（3）估商：求首商，“2433”小于“7654”，根据试商口诀“七除商大 1”（除数首位为 7 时，商数一般情况下是比被除数或余数的首位数大 1），此题可试商“3”，从+3 档（百位档）拨首位商数“3”。

（4）减积：商数“3”与除数“7654”的乘积为“21”“18”“15”“12”，依次从+2 档起减，得首位商数为 3，此时余数为 137,772。

求二商：用余数 137,772 继续除以 7,654，余数前四位“1377”小于“7654”，则为“不够除挨位置商数”，应从+2 档（十位档）拨商数；估商为“1”，商数“1”与除数“7654”的乘积为“07654”，依次从+1 档起减，得第二位商数为 1，此时余数为 61,232。

求三商：用余数 61,232 继续除以 7,654，余数前四位“6123”小于“7654”，则为“不够除挨位置商数”，应从+1 档（个位档）拨商数；估商为“8”，商数“8”与除数“7654”的乘积为“56”“48”“40”“32”，依次从 0 档起减，得第三位商数为 8，此时余数为 0，除尽，得最终商数为 318。

（5）写商数：将最终商数 318 正确抄写即可。

多位数除法的难点之一是估商，具体的估商方法、技巧将在以后的内容中具体介绍。

多位数除法一般要求初学者估商时应“宁小勿大”，因为估商过大时需要退商，估商偏小时可以补商，补商比退商要容易。

三、多位数商除法的估商方法——试商口诀

（一）够除类（头大类）

够除隔商一，隔档减（一倍）除数；几倍隔商几，隔档减几倍除数。

例如：4,284÷357=12；6,408÷178=36。

（二）不够除类（头小类）

（1）一除商酌定，即×××÷1××，除数首位为几就为几除，被除数（或余数）的首位数是几，就为除几。除数首位为 1 就为一除，“一除商酌定”，即商数酌情确定，具体看是够除类（头大类）还是不够除类（头小类），具体情况具体分析，从而确定商数的大小。如 6,408÷178=36。此题为头大类，则为够除隔位商，3 倍隔商 3。

（2）二除一商 6 或 5，如 15,745÷235=67。

（3）三除一商 4（或 3），如 1,620÷36=45。

三除二商 7（或 6），如 26,280÷365=72。

（4）四除商倍再加 1（除数的首位数是 4 时，商数一般为被除数或余数首位数的 2 倍

再加 1），即四除一商 3，四除二商 5，四除三商 7。

四除一商 3，如 173,264÷476＝364。

四除二商 5，如 2,597÷49＝53；2,438÷46＝53。

四除三商 7，如 3,354÷43＝78。

（5）五除商加倍（除数的首位数是 5 时，商数一般为被除数或余数首位数的 2 倍），如 358,416÷524＝684；220,332÷516＝427。

（6）六除商大 2（除数的首位数是 6 时，商数一般比被除数或余数的首位数大 2），如 254,807÷623＝409。

（7）七除商大 1（除数的首位数是 7 时，商数一般比被除数或余数的首位数大 1），如 2,433,972÷7,654＝318。

（8）八除商大 1（除数的首位数是 8 时，商数一般比被除数或余数的首位数大 1），如 39,445÷805＝49。

（9）九除商同首（除数的首位数是 9 时，商数一般与被除数或余数的首位数相同），如 20,815÷905＝23。

（10）头同下小挨商 9（或 8，或 7）（被除数的首位数与除数的首位数相同，但被除数的次首位小于除数的次首位时，则商数一般是挨位商 9，或 8，或 7），如：8,342÷86＝97；543,114÷5,486＝99；639,883÷647＝989；7,646,346÷7,654＝999。

四、多位数商除法的试商调整——补商与退商

除法运算的估商有时偏大，有时偏小，尤其对初学者来讲更是如此。运用试商口诀协助心算估商时也会遇到估商不准的情况，或者商大了，或者商小了，商大了就要退商，商小了则要补商。若商数合适，则既不用补商也不用退商。相比来讲，补商比退商容易。故估商时“宁小勿大”。

（一）试商调整：小商调大——补商

补商方法：余数≥除数时，原商加 1，隔档减去（一倍）除数。

可简记为：余大除数商加 1，隔档减（一倍）除数。

例 5 15,745÷235＝67。

具体运算步骤可参见前述“二、多位商除法的运算”的例 3。

根据试商口诀“二除一商 6 或 5”，若初次估商时商“5”，则需补商，过程如下：

（1）定位置数：用固定个位档定位法确定个位档，以算盘右边第三个记位点的左一档为个位档。即 5－3－1＝1，从＋1 档（个位档）拨被除数 15,745 入盘。

（2）立商（置商）：实首 1 小于法首 2（或 157 小于 235），则为“不够除挨位置商数”，应从＋2 档（十位档）拨商数。

（3）估商：求首商，“157”小于“235”，根据试商口诀“二除一商 6 或 5”，此题若试商“5”，则从＋2 档（十位档）拨首位商数“5”。

（4）减积：商数“5”与除数“235”的乘积为“10”“15”“25”，依次从＋1 档起减，得首位商数为 5，此时余数为 3,995。

因为余数 399 大于除数 235，故首商“5”偏小，则需要补商。在原首商“5”档补商

数“1”，而后隔档减去除数（即 399－235），得最终首商“6”，此时余数为 1,645。

求二商：用余数 1,645 继续除以 235，余数前三位“164”小于 235，则为“不够除挨位置商数”，应从＋1 档（个位档）拨商数；估商为“7”，商数“7”与除数“235”的乘积为“14”“21”“35”，依次从 0 档起减，得第二位商数为 7，此时余数为 0，除尽，得最终商数为 67。

若求二商时估商“6”，根据试商口诀“二除一商 6 或 5”，则仍需补商。

（5）写商数：将最终商数 67 正确抄写即可。

（二）试商调整：大商调小——退商

例 6 15,745÷235＝67。

若初次估商为“7”，则必须进行退商。退商有两种情况：

（1）开始不够减，商数直接退一珠（即初商－1）（较易）。

如 15,745÷235，若初次估商为“8”，即为此种情况，初商“8”与除数首位“2”的乘积为“16”，被除数前两位“15”减“16”不够减，则应直接退商数“1”。

（2）中途不够减，退一隔还“除过数”（较难）。具体分三步：

1）原商减 1；

2）隔档加还“除过数”（“除过数”即除数中已和原商相乘并已减去乘积的除数的前几位数）；

3）用调小以后的商，继续和未乘的除数部分（除数的后几位）去乘，并依次减去其乘积。

例 6 的退商步骤：

（1）定位置数：用固定个位档定位法确定个位档，以算盘右边第三个记位点的左一档为个位档。即 5－3－1＝1，从＋1 档（个位档）拨被除数 15,745 入盘。

（2）立商（置商）：实首 1 小于法首 2（或 157 小于 235），则为“不够除挨位置商数”，应从＋2 档（十位档）拨商数。

（3）估商：求首商，“157”小于“235”，此题若试商“7”，则从＋2 档（十位档）拨首位商数“7”。

（4）减积：商数“7”与除数“235”的乘积为“14”“21”“35”，依次从＋1 档起减，当减完商数“7”与除数“235”首位数“2”的乘积“14”后，此时余数为“17”，已不够再减“21”，则必须退商，即采取上述“中途不够减”的退商方法来退商。

1）原商“7”退一，变为“6”；

2）隔档加除数“235”的第一位数“2”，此时盘面余数为“3754”；

3）用调小后的商数“6”继续与除数“235”的后二位数“35”去乘，并依次减去其积“18”“30”，最终余数为“1645”，得首位商数为“6”，此时余数为“1645”。

求二商：用余数 1645 继续除以 235，方法同前。得第二位商数为 7，此时余数为 0，则除尽，得最终商数为 67。

（5）写商数：将最终商数 67 正确抄写即可。

例 7 407,015.49÷5,817＝69.97。

（1）定位置数：用固定个位档定位法确定个位档，以算盘右边第三个记位点的左一档为个位档。即 6－4－1＝1，从＋1 档（个位档）拨被除数 407,015.49 入盘。

（2）立商（置商）：实首 4 小于法首 5（或 4070 小于 5817），则为“不够除挨位置商数”，应从＋2 档（十位档）拨商数。

（3）估商：求首商，此题首商若试商“7”，则从＋2 档（十位档）拨首位商数“7”。

（4）减积：商数“7”与除数“5817”的乘积为“35”“56”“07”“49”，依次从＋1 档起减，当减完商数“7”与除数“5817”前三位的乘积后，此时余数为“31”，已不够再减“49”，说明商“7”商大了，则必须退商，应采取上述“中途不够减”的退商方法来退商。

1）原商“7”退一，变为“6”；

2）隔档加除数“5817”的前三位数“581”，此时盘面余数为“5841”；

3）用调小后的商数“6”继续与除数“5817”的最后一位数“7”去乘，并依次减去其积“42”，最终余数为“5799549”，得首商为“6”，此时余数为“5799549”。

求二商：用余数 5799549 继续除以 5817，余数前四位“5799”与除数“5817”属于头同下小类，挨位商“9”，并依次减去 9 与除数的乘积，得第二位商数为“9”，此时余数为“564249”。

求三商：用余数 564249 继续除以 5817，余数前四位“5642”与除数“5817”属于头同下小类，挨位商“9”，并依次减去 9 与除数的乘积，得第三位商数为“9”，此时余数为“40719”。

求四商：用余数 40719 继续除以 5817，余数前四位“4071”小于“5817”，则挨位商“7”，减积后，无余数，则除尽，得第四位商数“7”。最终商数为 69.97。

（5）写商数：将最终商数 69.97 正确抄写即可。

例 8　14,042÷238＝59。

根据试商口诀“二除一商 6 或 5”，若初次估商为 6，则需退商（过程略）。

例 9　17,051÷289＝59。

根据试商口诀“二除一商 6 或 5”，若初次估商为 6，则需退商（过程略）。

例 10　20,264÷68＝298。

若初商 3，则需退商（过程略）。

例 11　127,842÷429＝298。

若初商 3，则需退商（过程略）。

例 12　93,616.59÷2,341＝39.99。

若初商 4，则需退商（过程略）。

例 13　128,106÷647＝198。

初商 3 或 2，均需退商（过程略）。

项目小结

本项目主要介绍珠算除法的定义、分类，隔位商除法的定位方法、基本运算步骤、运算方法、估商方法等内容。

巩固练习

1. 二位数除法、三位数除法练习，要求保留两位小数，以下四舍五入：

(1) 2,788÷41=
(2) 1,836÷51=
(3) 6,068÷74=
(4) 1,702÷46=
(5) 68.1156÷36=
(6) 1.2433÷5.18=
(7) 36,673÷91=
(8) 43,896÷62=
(9) 0.63792÷0.79=
(10) 26,880÷480=
(11) 66,597÷79=
(12) 5.7179÷0.71=
(13) 0.9582÷0.46=
(14) 2,360÷59=
(15) 19,698÷294=
(16) 18,840÷628=
(17) 27,780÷926=
(18) 17,118÷317=
(19) 60.8÷70.9=
(20) 104,576÷172=
(21) 10.4÷60.8=
(22) 40,635÷450=
(23) 120,978÷234=
(24) 501,545÷605=
(25) 519.99÷829=
(26) 80,661÷167=
(27) 585÷45=
(28) 2,664÷36=
(29) 1,872÷24=
(30) 3,567÷87=
(31) 4,725÷63=
(32) 3,774÷74=
(33) 0.7777÷0.82=
(34) 2,494÷86=
(35) 1.5369÷0.17=
(36) 1,428÷28=
(37) 0.0515÷0.12=
(38) 4,674÷57=
(39) 27,188÷28=
(40) 38,702÷74=
(41) 48,672÷507=
(42) 5.78367÷6.91=
(43) 377,055÷931=
(44) 15,296÷64=
(45) 17,835÷29=
(46) 195,888÷528=
(47) 629,856÷864=
(48) 269.52÷706=
(49) 280,988÷398=
(50) 6,936÷408=
(51) 10,404÷51=
(52) 561,384÷904=

2. 退商练习（要求保留两位小数，以下四舍五入）：

(1) 259,076.88÷648=
(2) 175.04÷239.8=
(3) 1,506.47÷45.67=
(4) 359.92÷404=
(5) 554,309.71÷69.71=
(6) 4,816.26÷486=
(7) 851,277.31÷70.94=
(8) 57,277.08÷573=
(21) 1,683÷17=
(22) 104,351÷349=
(23) 10.44÷0.036=
(24) 118,098÷243=
(25) 17.25÷0.25=
(26) 43,890÷165=
(27) 3,174÷460=
(28) 105,165÷285=

(9) 3,497,235÷8,765=
(10) 32,549÷486=
(11) 22,734.64÷716=
(12) 193,104÷648=
(13) 228,455.22÷762=
(14) 9,612,504÷687=
(15) 8,091,009÷89.01=
(16) 8,078.4÷270=
(17) 1,215,815.52÷408=
(18) 4,051,576÷527=
(19) 700,680.6÷17.98=
(20) 3,272.36÷364=
(29) 53,010÷570=
(30) 105,552÷409=
(31) 7,742÷790=
(32) 64,132÷187=
(33) 358,288÷392=
(34) 24,173÷208=
(35) 910,067÷947=
(36) 4,783÷319=
(37) 438,372÷492=
(38) 140,172÷492=
(39) 271,950÷29.4=
(40) 114,816÷384=

模块四　电子计算工具的应用技能

模块导入

会计工作中除了使用算盘进行计算以外，还经常用到一些电子计算工具，如电子计算器、计算机、收银机等，而电子计算机的使用除了进行文字录入外，更多的则是使用电脑小键盘进行数字录入。这样，数字录入的快慢及准确度直接影响工作效率的高低。因此，熟练掌握电子计算工具的应用技能对会计人员尤为重要。本模块将系统介绍电子计算器的使用、电脑小键盘的数字录入以及币值计算等相关技能。

学习目标

了解电子计算器键盘的各键功能，掌握规范的计算器操作的敲键指法；了解翰林提学习机的功能，掌握数字录入方法、规范的敲键指法要求等内容；重点掌握传票录入的技能和训练方法；了解币值计算题型，掌握“一、二、五倍法”的币值心算方法与技巧。

素质要求

计算器、小键盘的运用是会计人员除珠算外的一项最基本技能。在会计工作或日常生活中离不开收款、付款，而在收款、付款过程中都必须进行票币的清点、记数、数字的累加及其他计算等，这就需要我们除了掌握珠算技能外，还必须练好计算器的基本功，尤其是具备熟练且规范的指法操作技能、技巧。

项目一　电子计算器的使用技能

任务一　电子计算器的应用

一、电子计算器的种类

电子计算器的种类很多，型号也很多，但按其功能主要分为两大类：简单型计算器与多功能计算器。

简单型计算器的功能较少，一般只能进行加、减、乘、除四则运算和开平方等，而多功能计算器除可进行四则运算外，还能进行三角函数、对数、复数等运算。

会计工作的日常运算，除了用算盘以外，一般较多使用简单型计算器进行累加及乘除运算。因此，这里重点介绍简单型计算器的各键功能及规范的敲键指法。

二、简单型计算器各主要键的功能

（1）开关键。ON/AC 键：开机/清零；OFF 键：关机。

（2）＋、—、×、÷、＝各键，为四则运算功能键与符号键，用来进行加、减、乘、除运算和显示结果。

（3）▶：撤回键。每敲一次该键则消去屏幕上的数字的最后一位。

（4）M＋：记忆加法键。

（5）M－：记忆减法键。

（6）MR：呈现记忆式总值。

（7）MC：记忆式消除。

（8）“00”：双零键。

（9）MU：损益运算键。

（10）%：百分比键。

（11）$\sqrt{\ }$：根号键，为开平方键，用于计算一个数的算数平方根。

（12）GT：总计键。

（13）5/4：四舍五入键。

（14）F4320A：小数点选位键。

（15）CE/C：改正错误键。

（16）“0”：零键。

（17）“.”：小数点键。

（18）＋/－：符号变换键。用此键可改变显示数字的正负号。

三、简单型计算器敲键的规范指法要求与技巧

（一）敲键方式

正确的计算器敲键方式是：用手指的第一指关节去敲击键盘，而不是按压键盘；敲键时要求手指有爆发力，力度大小要适中，要敲键的中间部位，不要敲键的边缘部位，以免错敲到其他键；敲键时不要有滑键或甩手指的多余动作，以免影响敲键速度。

（二）规范指法要求（各手指的分工）

（1）食指：负责敲击 1、4、7 键和 0 键、MC 键。

（2）中指：负责敲击 2、5、8 键和 00 键、MR 键。

（3）无名指：负责敲击 3、6、9 键和“.”键、M－键。

（4）小指：负责敲击计算器最右边的两列键，如 M+键、%键、GT 键、$\sqrt{\ }$键、+键、—键、×键、÷键、=键等。

（5）大拇指：负责敲击最左一列的各键，如 ON/AC 键、CE/C 键、+/—键、▶键等。

任务二　简单型计算器的敲键指法训练

简单型计算器的敲键指法训练——数字录入训练，就是按照规范的指法要求快速敲击键盘各键录入数字。

敲键指法练习包括基准键位练习、纵向平移敲键指法练习、横向循环敲键指法练习、交叉循环敲键指法练习等。计算器的数字录入熟练之后，可以为电脑的小键盘数字录入奠定良好基础。

一、基准键位练习

基准键位，是指计算器或数字小键盘上的 4、5、6 键，一般情况下，手指每次敲键后，食指、中指、无名指三个手指都应悬在 4、5、6 键的上方，尤其是中指，必须悬在 5 键的上方，5 键是基准键，该键有凸起的部分。

（一）简单分节循环（纵向）练习

（1）食指练习。食指负责敲击 1、4、7、0 键和 MC 键。

147、741、174、714、417、471，分别连加 10 次后再连减 10 次，反复练习。

（2）中指练习。中指负责敲击 2、5、8 键和 00 键、MR 键。

258、852、285、825、528、582，分别连加 10 次后再连减 10 次，反复练习。

（3）无名指练习。无名指负责敲击 3、6、9 键和“.”键、M—键。

369、963、396、936、639、693，分别连加 10 次后再连减 10 次，反复练习。

（4）大拇指练习：大拇指负责敲击计算器最左一列的各键。

（5）小指练习。小指负责敲击计算器最右边的两列键，如 M+键、%键、GT 键、$\sqrt{\ }$键、+键、—键、×键、÷键、=键等。

（二）简单分节循环（横向）练习

（1）123、456、789，分别连加 10 次后再连减 10 次，反复练习。

（2）321、654、987，分别连加 10 次后再连减 10 次，反复练习。

（3）132、465、798，分别连加 10 次后再连减 10 次，反复练习。

（4）312、645、978，分别连加 10 次后再连减 10 次，反复练习。

（5）213、546、879，分别连加 10 次后再连减 10 次，反复练习。

（6）231、564、897，分别连加 10 次后再连减 10 次，反复练习。

二、纵向平移敲键指法练习

（一）纵向平移指法（正向）练习

（1）食指敲键 47414010 连加十次，反复练习。

（2）中指敲键 58525、“00”、2“00”连加十次，反复练习。

（3）无名指敲键 69636.3 连加十次，反复练习。

（4）纵向平移正向连续敲键：47414010 58525“00”2“00”69636.3“.”（要求三个手指分别敲键 8 次，一气呵成）。

（二）纵向平移指法（反向）练习

（1）食指敲键 74140401 连加十次，反复练习。

（2）中指敲键 8525“00”5“00”2 连加十次，反复练习。

（3）无名指敲键 9636.6 连加十次，反复练习。

（4）纵向平移反向连续敲键：74140401 8525“00”5“00”2 9636.6“.”3（要求三个手指分别敲键 8 次，一气呵成）。

三、横向循环敲键指法练习

（1）123456789 连加十次，反复练习。

（2）987654321 连加十次，反复练习。

（3）123654789 连加十次，反复练习。

（4）987456321 连加十次，反复练习。

（5）123456789＋987654321 反复练习（得 1111111110）。

（6）321456987＋789654123 反复练习（得 1111111110）。

四、纵向循环敲键指法练习

（1）147258369 连加十次，反复练习。

（2）963852741 连加十次，反复练习。

（3）147852369 连加十次，反复练习。

（4）963258741 连加十次，反复练习。

（5）147258369＋963852741 反复练习（得 1111111110）。

（6）147852369＋963258741 反复练习（得 1111111110）。

五、交叉循环敲键指法练习

（1）正向练习：1593572486 连加十次，反复练习。

（2）反向练习：9517536842 连加十次，反复练习。

六、放射式敲键练习

5152535455565758595O5“00”（从中心键 5 开始）。

七、收缩式敲键练习

152535455565758595O5“00”5（以中心键 5 为中心）。

经过以上规范、系统、刻苦的敲键指法练习后，一般可以达到非常熟练的程度，可以为将来的传票录入、盲打录入奠定良好基础，也为电脑小键盘的数字录入奠定基础。

八、传票算累加运算（连加）练习

（1）百页传票连加练习。从第 1 页第一行加到第 100 页第一行，从第 1 页第二行加到第 100 页第二行，从第 1 页第三行加到第 100 页第三行，从第 1 页第四行加到第 100 页第四行，从第 1 页第五行加到第 100 页第五行。

（2）传票题练习（连续 20 个数加在一起为一题）。试题见模块三项目五中的传票算试卷（样卷）。

任务三　传票算录入技能与训练方法

传票算录入技能，主要是指计算器的传票算录入或翰林提电脑小键盘的传票算录入，一般称为传票翻打。该内容与模块三项目五传票算中的内容类似，只是运算工具和侧重点不同。

一、传票翻打的含义

传票翻打是指在经济核算过程中，对各种单据、发票或凭证进行汇总计算的一种方法，一般采用加减运算。它是加减运算在实际工作中的具体应用，可以为会计核算、财会分析、报表统计提供及时、准确、可靠的基础数字，是财经工作者必备的一项基本功，并被列入全国会计技能比赛的正式项目。

目前，传票算可以使用三种工具进行，一是传统的珠算，二是计算器，三是爱丁数码的翰林提设备。全国会计技能比赛的传票算项目大多采用计算器或翰林提设备进行。

二、传票的种类

（一）订本式传票

订本式传票是在传票的左上角装订成册，一般在比赛中使用。

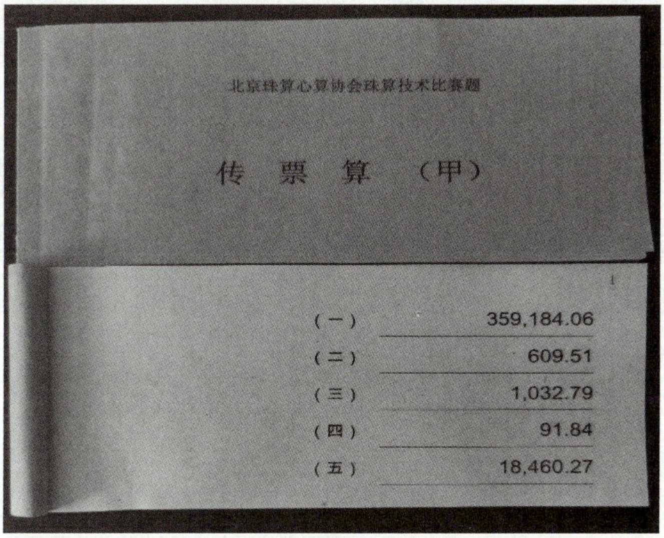

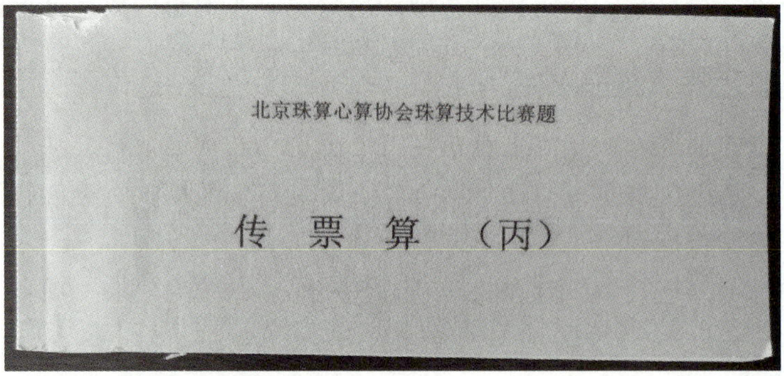

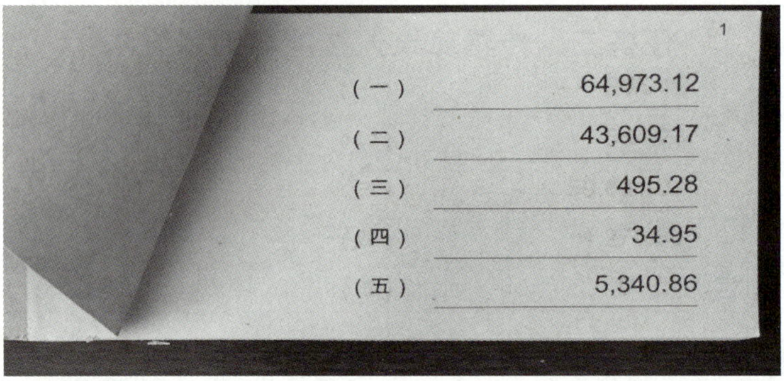

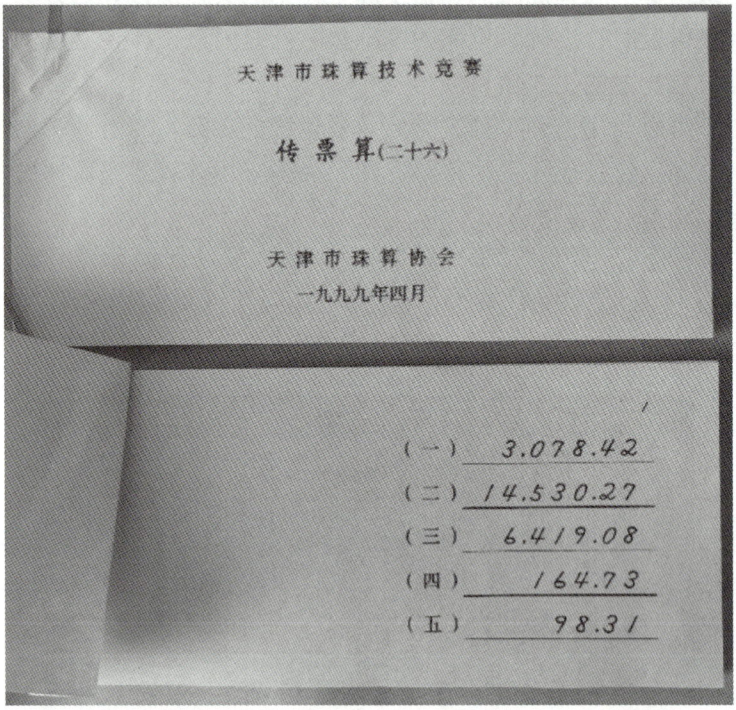

（二）活页式传票

活页式传票通常在全国会计技能比赛中采用，如爱丁九位传票等。

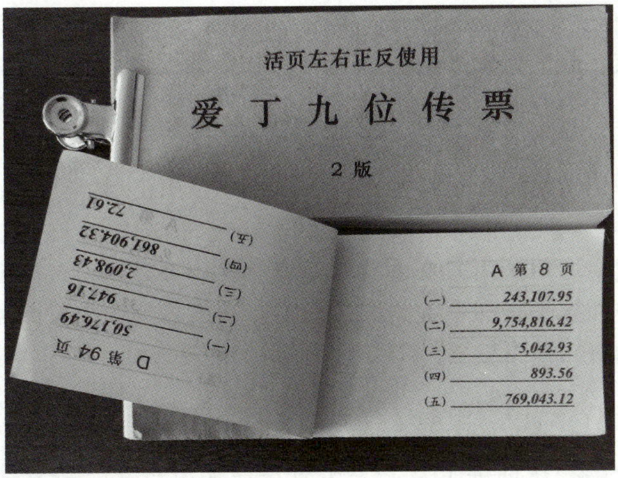

三、传票算录入技能要求

（一）坐姿端正

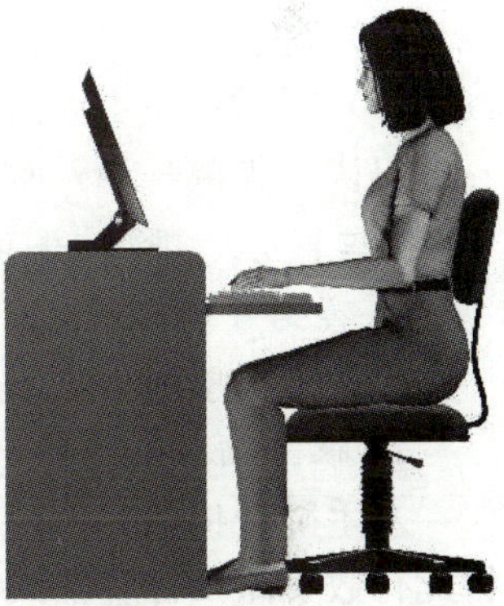

（1）身体要自然坐直，两脚放平与胳膊平行，眼睛与屏幕的距离在 40～50 厘米。

（2）显示器的位置应在视线以下 45 度左右。

（3）右手手指轻放在规定的基准键上，手腕平直，传票放在键盘下方。

（二）指法正确

1. 了解键盘

计算器键盘在前面的内容中已做了介绍，这里介绍电脑小键盘。翰林提的键盘与电脑小键盘基本是一致的，电脑小键盘又与计算器的主要数字键基本一致，区别在于电脑小键盘的回车键“Enter”的位置是计算器的加号键“＋”的位置，电脑小键盘无“00”键，敲键时应该用大拇指敲击小键盘的“0”键而不是用食指。

2. 正确指位

正确指位见图 4－1，应注意，敲键时应该用大拇指敲击小键盘的“0”键。

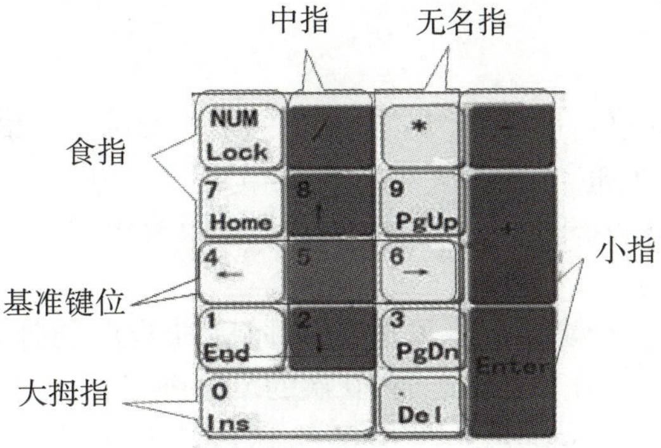

图 4－1　正确指位

3. 指法要求

（1）各手指要放在基准键上，输入数字时，每个手指只负责相应的键，不要混淆。

（2）手腕平直，手指弯曲自然，击键只限于手指指尖，身体其他部分不要接触工作台或键盘。

（3）输入时，手稍微抬起，只有要击键的手指才伸出击键，击完后立即收回，停留在基准键上。

（4）敲键的速度要均匀，用力要适度，有节奏感，不可用力过猛或过轻。

（5）敲键时，必须靠手指和手腕的灵活运动，不能靠整个手臂的运动。

（三）翻页准确快速

1. 传票整理

（1）墩齐：双手拿起传票侧立于桌面墩齐。

（2）开扇：左手固定传票左上角，右手沿传票边沿轻折，打开成扇形，扇形角度为20～25。

（3）固定：右手用夹子固定传票的左上角，防止翻打时散乱。

2. 传票翻页

（1）“按”：左手小指、无名指和中指按住传票的左下角。

（2）“翻”：左手大拇指逐页翻起传票，并交给食指夹住。

口诀：先翻一步，眼比手快，手脑并用，看比敲快。

（四）眼、脑、手协调一致

1. 左右手协调

左手翻传票时，右手直接将传票上的数字敲入计算器。

2. 眼、脑、手协调

左手翻开传票时，眼睛应迅速看完上面的数字，大脑同步记住数字，右手连续不断地将此行数字敲入计算器或电脑小键盘。确保右手未打完当前页数时，左手已经翻到了下一页，保持动作连贯流畅。

四、传票翻打的常规训练方法

传票翻打的常规训练方法主要分为指法训练、翻看训练、综合训练三个阶段。

（一）指法训练

方法一：

1. 横向键位练习

先练 4、5、6 基准键位，再练 1、2、3 与 7、8、9 键位。可借助翰林提机器里的计算器功能，先进行“456”连加 10 次的反复练习、“654”“546”“564”“465”连加 10 次的反复练习；再进行“123456789”的多位连加 10 次的反复练习。

2. 纵向分指练习

（1）食指敲击 1、4、7 键练习：可借助翰林提机器里的计算器功能，进行“147”“741”“174”“714”“417”“471”等连加 10 次的反复练习。

（2）中指敲击 2、5、8 键练习：可借助翰林提机器里的计算器功能，进行“258”“852”“285”“825”“528”“582”等连加 10 次的反复练习。

（3）无名指3、6、9键练习：可借助翰林提机器里的计算器功能，进行“369”“963”“396”“936”“639”“693”等连加10次的反复练习。此外，由于无名指相对不灵活，因此应加大练习力度，多进行纵向平移指法的训练，如正向指法69636.3连加10次，反复练习，反向指法9636.6连加10次的反复练习。

（4）小指敲击+键与“Enter”键。应注意，在技能比赛时一般是不能敲击“Enter”键，否则即跳转到了下一题。

3. 交叉循环指法练习

（1）交叉循环指法（正向）练习：“1593572486”连加10次，反复练习。

（2）交叉循环指法（反向）练习：“9517536842”连加10次，反复练习。

方法二：

“加百子”练习：借助翰林提机器里的计算器功能，从1+2+3+4+…+99+100，最后合计答案是5,050。

方法三：

百页传票累加练习：借助翰林提机器里的计算器功能，可进行传票某一面第一行数，从第1页一直加到第100页，看合计答案得多少，用时多长；再进行第二行数，从第1页一直加到第100页，看合计答案得多少，用时多长时间；依此类推。

（二）翻看训练

1. 盲翻训练

整理好传票扇面后，左手压住传票，不看票面，从第1页向后连续翻动传票，直至最后一页（100页）为止，时间不要超过1分钟。

2. 找页训练

从第1页开始，每5页一翻，要求一次翻到。

3. 看数训练

用百页传票做翻看练习，翻一页看1个数字（某一行），再翻到下一页看同一行数字，在规定的时间内比一比谁翻看数字最快。

（三）综合训练

方法一：进入传票算练习，进行传票翻打训练。

方法二：进入传票算测试，进行传票翻打训练。

日常训练的基本要求是“先准后快”。

（四）技能参赛选手的训练方法

（1）抗干扰训练（在公共场合或人多的地方进行测试）。

（2）耐力训练（测试20分钟）。

（3）准确度训练（看屏）。

（4）以赛代练（友谊赛）。

五、翰林提传票算的功能界面说明

翰林提机器中的传票录入界面和传票算测试界面如图4－2、图4－3所示。

图 4-2　传票录入界面

图 4-3　传票算测试界面

二者的区别在于：测试模式下，系统可以保存最后成绩，并且可以通过无线模块发送测试成绩，该模式可以在比赛时使用；录入模式下，系统不保存成绩，也不能发送成绩，但是可以保存成长历程，该模式只在练习时使用。

项目小结

本项目主要介绍了简单型计算器各键的功能、规范的操作指法要求、敲键指法训练方法以及传票算练习方法等内容。

巩固练习

1. 计算器敲键指法各项练习，反复练。
2. 用计算器进行百页传票连加练习，进一步熟悉规范指法及打传票的基本功。
3. 用计算器进行传票算练习（注意起止页码及行号，20 页为一题）。

项目二　翰林提学习机的使用技能

一、翰林提学习机使用注意事项

（1）学习机采用大屏幕显示器，请勿使主机跌落、受挤压等，以防止屏幕损坏。

（2）不要损坏键盘线，要避免拉扯、割裂和严重压挤、弯曲键盘线。

（3）学习机应置在低湿和干净的地方，注意不能让学习机受潮。如果不小心把水和其他液体洒到学习机上，应立即取出电池，并与客服人员联系。

（4）如长时间不使用学习机，应将电池取出，以防止电池漏液。

（5）不要反复弯曲主机支架。

（6）为保证电池使用寿命，请勿将可充电电池与非充电电池混合使用。

（7）主机的 TF 卡内存为 512M，不要删除其中任何文件，以防程序丢失，影响使用。

二、翰林提学习机功能说明

翰林提学习机从教学实际需求出发，根据学校要求，制定可行性训练方案，让学生在教室中全真模拟计算机实际操作，满足用人单位对计算机操作技能的要求，满足财经类专业对财会技能的要求。充分利用该设备，可提升学生职业技能水平，提高学校教学质量。

翰林提学习机包括五笔录入、数字录入、传票录入、综合录入、计算器、计算应用、财会单据、记事本、数据传输、系统设置等模块。

三、翰林提学习机使用指导

（一）设备操作流程

1. 检查设备配置是否齐全

（1）翰林提主机一台。

（2）黑色支架一个。

（3）键盘一个。

（4）键盘包一个。

（5）智能型充电器一个。
（6）充电电池两节。
（7）使用说明书一本。

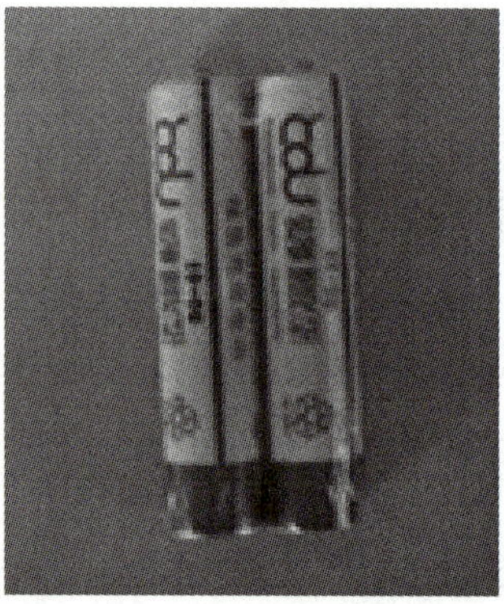

2. 检验设备是否可正常开机

（1）将电池外包装撕去，放入主机背后的电池仓内。

注意：应按照电池仓内提示的正负极方向放入电池，正极朝外。

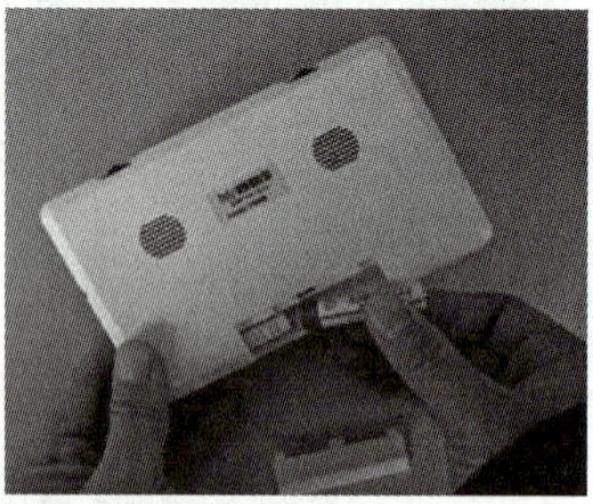

（2）将主机放入支架的主机槽内，并将支架下摆往后折转用黑色铁脚架支住。

注意：铁脚架有三个支撑卡位可调，使用时可以自行调整支架角度（不使用时可将支架合起，起到保护主机屏幕的作用）。

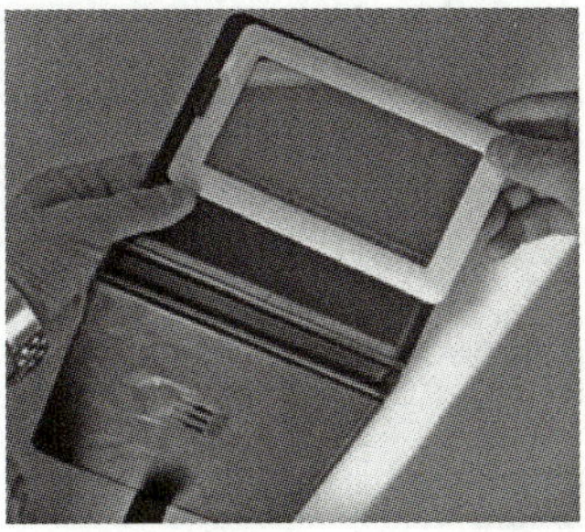
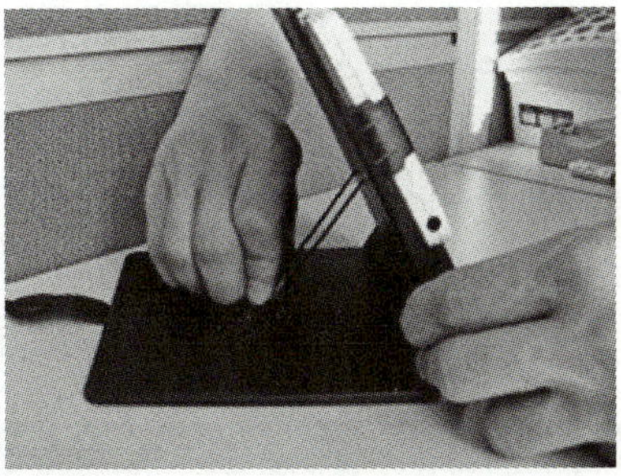
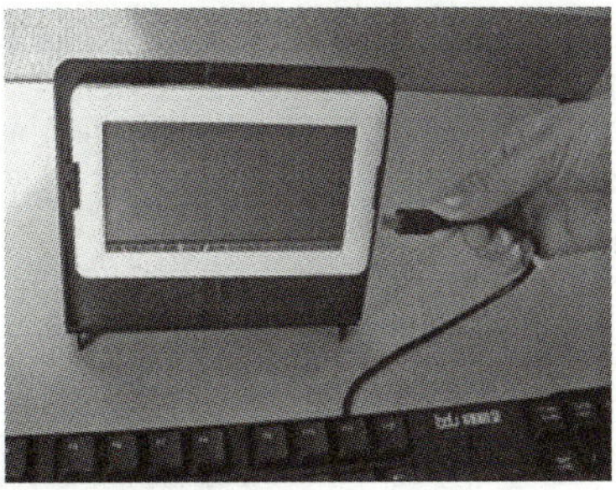

(3) 将键盘与主机连接。

注意：连接时键盘接口梯形槽的位置应与主机接口一致，并用力插到底部。

(4) 向下长按三秒主机左侧黑色拨轮键开机。

注意：必须先将键盘与主机连接后再开机，若先开机再插键盘则无法识别。

(5) 正常开机后，主机屏幕显示操作界面，键盘最左侧的指示灯亮。

(二) 故障检测

若无法正常开机或无法操作，可按照不同现象检测故障原因。

(1) 检测电池正负极是否装反，并保证电池有电（刚撕去外塑料皮的充电电池无法保证都带电，可请充好电后再试）。

(2) 检查键盘与主机连接是否已经插到底部。

(3) 若上述操作都正常，但是按下开机键后就是无法显示操作界面，则说明是主机故障。

(4) 若上述操作都正常，开机显示主机界面，但是键盘无法正常进行输入，可用排除法检测故障源，方法如下：

1) 将主机与其他键盘连接，若还是无法操作，则说明主机接口故障。

2) 将键盘与其他主机连接，若还是无法操作，则说明键盘故障。

(三) 充电注意事项

(1) 本机使用 1.5V 镍氢充电电池，充电时间每次 7～14 个小时即可，充电一次可以使用 5～6 个小时。

(2) 充电器有三个 LED 灯，中间为电源灯（绿色），两边为充电灯（红色）。接上电源，电源灯亮，充电灯不亮，装上电池后红色充电灯亮起。

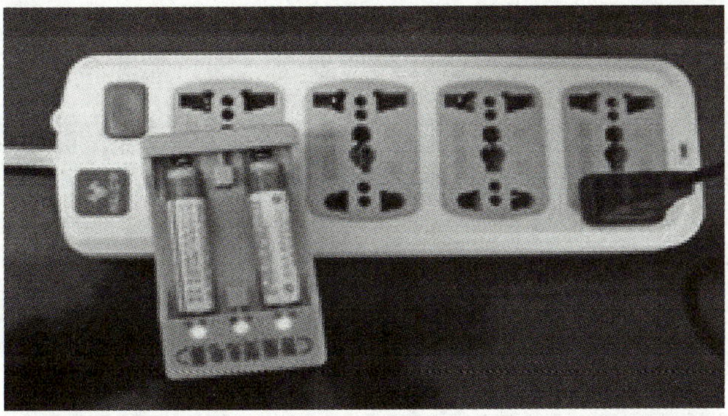

四、翰林提学习机中传票算的使用方法

（1）在系统主界面选择“传票录入”，进入“［B］传票算”目录。

（2）选择“［D］设置”，进行相关设置。设置完毕后按“Enter”键自动保存设置。

操作：通过上下键移动光标，左右键调整相关设置。

说明：只需在第一次使用时设置，或需要更改训练方式时设置。

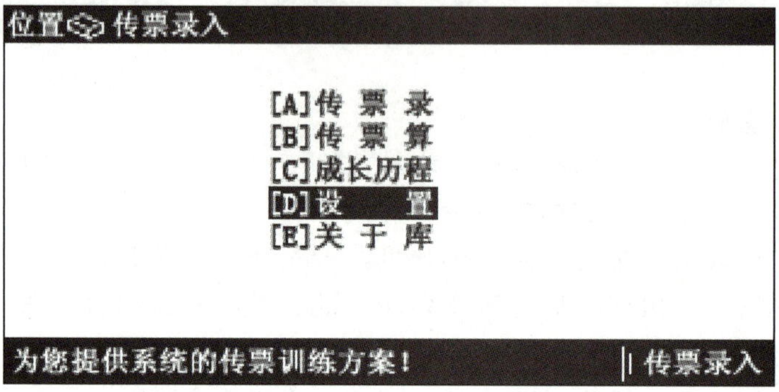

（3）在“传票录入”目录下选择“［B］传票算”，进入“传票算”功能菜单。

（4）选择“［B］传票算测试”或者“［A］传票算练习”，二者的区别在于：

测试模式下，系统可以保存最后成绩，并且可以通过无线模块发送测试成绩，该模式可以在比赛时使用。

练习模式下，系统不保存成绩，也不能发送成绩，但是可以保存成长历程，该模式可以在练习时使用。

以下以选择“［B］传票算测试”为例进行介绍。

（5）若选择“爱丁传票”，则下一步选择所要录入的传票页 A～D。

（6）若选择“爱丁传票 A”，则开始设置测试时间、起始页、行次。

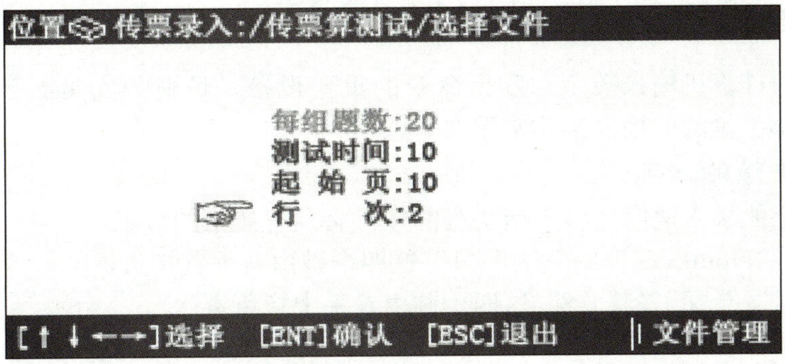

（7）设置完毕后，按“Enter”键即可开始录入。

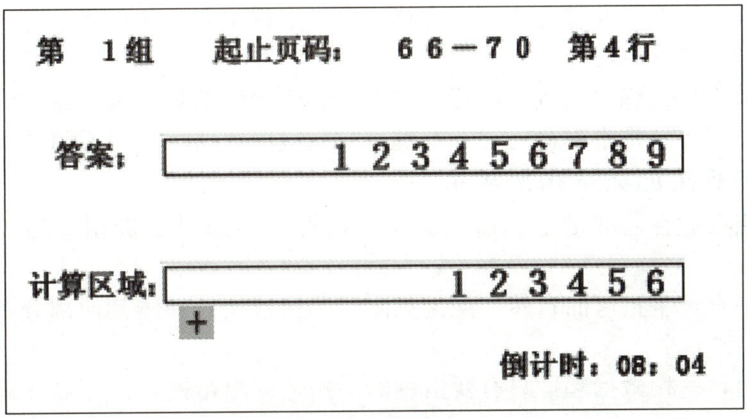

（8）关于录入界面的相关解释说明：

1）第一部分内容为：当前输入的组别、当前组的起止页、输入的行序号。

2）中间部分内容为：上一组数据的最终结果。

3）下面部分内容为：当前组数据的计算区域，学生可以任意进行加减计算。

（9）用户退出或者倒计时结束时，系统会自动计算成绩，并且显示在屏幕上。

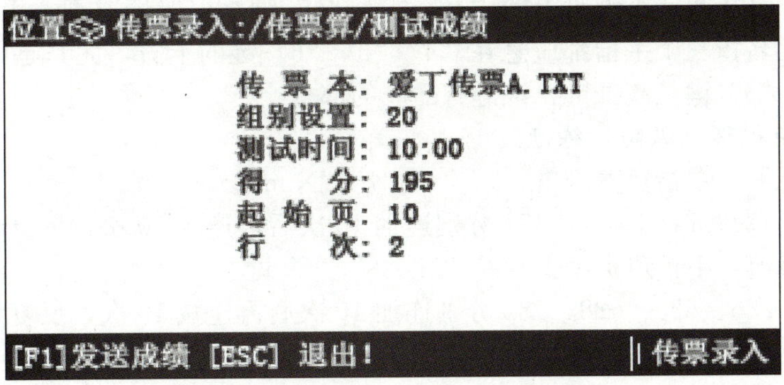

（10）在测试成绩界面，学生可以按“F1”键发送成绩，此时本次成绩会自动通过无线网络发送到教师机上，还可以通过电脑将成绩文件转换成 Excel 文档进行编辑和修改。

说明：本步骤需要配合 ZC96BW 教师机使用。

五、翰林提学习机小键盘技能训练

小键盘是向计算机输入数字、发出命令的重要设备，是财务人员必不可少的操作工具，所以掌握小键盘的使用方法非常重要。

（一）各手指的分工

要提高数字的录入速度，各手指负责的按键必须有严格的分工。

（1）食指："NumLock""7""4""1"这四个键由右手食指负责。

（2）中指："/""8""5""2"这四个键由右手中指负责。

（3）无名指："*""9""6""3""."这五个键由右手无名指负责。

（4）小指："—""+""Enter"这三个键由右手小指负责。

（5）大拇指：0 键由右手大拇指负责。

数字录入训练包括基准键位练习、食指练习、中指练习、无名指练习、大拇指和小指练习、综合练习、错误练习等。

专业的电脑小键盘练习模式，可用"翰林提"国赛机型数字录入敲键练习，基本与计算器敲键指法类似，只是小键盘无"00"键，"0"键用大拇指敲而不用食指或中指敲。

（二）正确规范的敲键指法要求

（1）各手指要放在基准键上，输入数字时，每个手指只负责相应的几个键，各司其职，不要混淆。

（2）手腕平直，手指弯曲自然，敲键只限于手指指尖，身体其他部分不要接触工作台或键盘。

（3）输入时，手稍微抬起，只有要击键的手指才伸出击键，击完后立即收回，停留在基准键上。

（4）敲键速度要均匀，用力要适度，动作要轻巧，有节奏感，不可用力过猛。

（5）在敲键时，必须依靠手指和手腕的灵活运动，不能靠整个手臂的运动。

注意：小键盘回车键的位置是计算器原来的加号键位置，不要随便敲击回车键，尤其是在传票翻打时，以免出现错误。

（三）基准键位练习

基准键位，是指数字小键盘上的"4""5""6"键，一般情况下，手指每次敲键后，食指、中指、无名指三个手指都应悬在"4""5""6"键的上方，尤其是中指，必须悬在"5"键的上方，"5"键是基准键，该键有凸起的部分。

1. 简单分节循环（纵向）练习

（1）食指练习：食指负责敲击"1""4""7""NumLock"键。

147、741、174、714、417、471 分别连加 10 次后再连减 10 次，反复练习。

（2）中指练习：中指负责敲击"2""5""8""/"键。

258、852、285、825、528、582 分别连加 10 次后再连减 10 次，反复练习。

（3）无名指练习：无名指负责敲击"3""6""9"".""*"键。

369、963、396、936、639、693 分别连加 10 次后再连减 10 次，反复练习。

2. 简单分节循环（横向）练习

（1）123、456、789 分别连加 10 次后再连减 10 次，反复练习。

（2）321、654、987 分别连加 10 次后再连减 10 次，反复练习。
（3）132、465、798 分别连加 10 次后再连减 10 次，反复练习。
（4）312、645、978 分别连加 10 次后再连减 10 次，反复练习。
（5）213、546、879 分别连加 10 次后再连减 10 次，反复练习。
（6）231、564、897 分别连加 10 次后再连减 10 次，反复练习。

（四）纵向平移指法敲键练习

1. 纵向平移指法（正向）练习

（1）食指敲键，47414010 连加十次，反复练习（注：“0”键用大拇指敲）。
（2）中指敲键，58525020 连加十次，反复练习（注：“0”键用大拇指敲）。
（3）无名指敲键，69636.3 连加十次，反复练习。
（4）纵向平移反向连续敲键：474140105852502069636.3（要求三个手指分别敲键，一气呵成，“0”键用大拇指敲）。

2. 纵向平移指法（反向）练习

（1）食指敲键，74140401 连加十次，反复练习（注：“0”键用大拇指敲）。
（2）中指敲键，85250502 连加十次，反复练习（注：“0”键用大拇指敲）。
（3）无名指敲键，9636.6 连加十次，反复练习。
（4）纵向平移反向连续敲键：7414040185250502969636.6.3（要求三个手指分别敲键，一气呵成，“0”键用大拇指敲）。

（五）横向循环练习

（1）123456789 连加十次，反复练习。
（2）987654321 连加十次，反复练习。
（3）123654789 连加十次，反复练习。
（4）987456321 连加十次，反复练习。
（5）123456789＋987654321 反复练习（得 1111111110）。
（6）321456987＋789654123 反复练习（得 1111111110）。

（六）纵向循环练习

（1）147258369 连加十次，反复练习。
（2）963852741 连加十次，反复练习。
（3）147852369 连加十次，反复练习。
（4）963258741 连加十次，反复练习。
（5）147258369＋963852741 反复练习（得 1111111110）。
（6）147852369＋963258741 反复练习（得 1111111110）。

（七）交叉循环指法练习

（1）正向练习：1593572486 连加十次，反复练习。
（2）反向练习：9517536842 连加十次，反复练习。

（八）放射式敲键练习

5152535455565757585950（从“5”键开始）。

（九）收缩式敲键练习

1525354555657585959505（以“5”键为中心）。

（十）综合练习

（1）13579 连加十次，反复练习。

（2）24680 连加十次，反复练习（注："0"键用大拇指敲）。

（3）97531 连加十次，反复练习。

（4）86420 连加十次，反复练习。

（5）159357 连加十次，反复练习。

（6）951753 连加十次，反复练习。

（十一）"加百子"练习

借助翰林提计算器功能进行打百子练习：1＋2＋3＋…＋99＋100＝5,050。

（十二）"减百子"练习

借助翰林提计算器功能，先输入数字 5,050，然后依次－1－2－3－…－99－100，最后结果为 0。

错误练习：在错误练习中，存储的为每次练习中的错题，进行有针对性的练习。

六、翰林提学习机训练——传票算比赛方案

（一）考试设备

（1）主机：翰林提职业技能训练终端，型号：Z96BW。

（2）键盘、电池、传票，统一由爱丁数码公司提供（传票夹考生自备）。

（二）抽签规则

传票算：现场在爱丁传票 A、B、C、D 题库抽 1 套，并抽出起始页、起始行。随机出题。

（三）考试规则

（1）测试时间：10 分钟。

（2）组别设置：每组 20 题。

（3）测试方式：系统提示，初始第几页第几题，输入数字按加号键进入下一题数据的输入。每 20 个数字后，按回车键提交答案并进入下一组。

（4）评分标准：

1）每组 20 题，每计算正确一组得 20 分，错误得 0 分。

2）对于时间结束时未计算完的组，系统会根据已输入的数据计算相应的分值。例如最后一组结算到前 17 题，若答案正确，则得 17 分。

3）系统不判断计算过程，学生可以任意加减计算。

（5）操作步骤：

1）长按主机右拨轮键开机。

2）进入传票录入。

3）选择传票算。

4）选择传票算设置（组别设置：每组 20 个；随机设置：随机跳转）。

5）选择传票算测试。

6）选择爱丁传票。

7）选择抽签的面（现场抽取 A、B、C、D 中的一面）。

8）进行设置，时间 10 分钟，输入起始页和起始行。

9）按回车键开始比赛。

比赛结束，学生按“F1”键发送成绩。

比赛现场程序简化，组别设置、随机方式、比赛时间均已设定好，学生严格按照考试指令进行操作。

（6）成绩接收：使用爱丁数码无线传输技术统一接收成绩，通过计算机将成绩文件转换成 Excel 文档，可以现场通过投影仪公布比赛成绩。

注意事项：

（1）模式：传票算测试（在传票算练习模式下无法发送成绩）。

（2）传票设置：时间 10 分钟，每组 20 题，跳转方式为随机式。比赛时，学生无须设置此项内容。

（3）比赛传票本：A～D，现场抽取；起始页、起始行现场抽取。

七、翰林提学习机训练——五笔录入比赛方案

（一）竞赛环境要求

翰林提职业技能训练终端（型号 Z96BW）为比赛专用设备，输入法为王码五笔 86 版。

（二）竞赛内容、形式、时间

（1）竞赛内容为选手在翰林提训练终端进行文章测试，从政论 15 篇文章中抽选一篇作为测试文章。

（2）测试时间为 10 分钟。

（3）扣分系数为 3。

（4）随机系数：现场抽取。

（三）操作步骤

（1）长按右上角波轮键开机。

（2）选择汉字录入。

（3）选择“［J］文章”。

（4）选择“［D］文章测试”（比赛时一定在文章测试状态下进行）。

（5）选择“［A］政论（15）”。

（6）输入文件编号（现场抽取）。

（7）输入测试时间、扣分系数、随机系数。

（8）按回车键开始考试。

（四）成绩接受

比赛时间结束后，系统自动评分，弹出成绩页面，考生按“F1”键自动发送成绩，教师统一接收、公布成绩。

八、翰林提学习机常见问题答疑

（1）正常情况下，若键盘已连接在主机上，那么在安装电池和开机时，键盘指示灯如何变化？

参考答案：安装电池时，键盘指示灯会快速闪烁几次。开机时，指示灯闪 2 次，然后第一个指示灯亮，后两个灭掉。

（2）连接键盘后，开机时停留在 LOGO 画面，按键盘上任意键可进入系统，并且其他操作均正常，此现象是什么原因导致的？

参考答案：键盘原因。

（3）安装电池或关机后马上开机可能导致什么后果？

参考答案：若马上开机可能导致机器不能开机。若出现此现象，需取出电池放电一段时间后再重新装回，延迟 3 秒后再开机。

（4）学生在进行传票算前设置时，通过小键盘无法输入起始页和行次，应如何解决？

参考答案：检查小键盘“NumLock”键是否被锁定。

（5）学生翻传票的习惯是将传票本放在键盘上，这种习惯可能带来什么样的后果？若学生出现此现象，应如何应对？

参考答案：若传票本压了部分按键，可能导致小键盘数字无法输入的情况。若出现此现象，应向学生解释，并提示考试须知中有说明。

（6）学生反映不能开机，你去协助开机时，可听见“咔”一声，但仍无法开机，为何会出现此现象？

参考答案：电池电量不足。

（7）学生在通过无线模块发送成绩后直接关机，这会导致什么样的后果？会出现什么现象？

参考答案：机器死机，无法开机。现象：键盘指示灯亮，屏幕关闭，无法开机。

（8）学生反映，开机时显示“找不到 SD/TF 卡”，请问遇到这种现象，应如何应对？

参考答案：重新安装 TF 卡，若无法解决，应更换备用设备。

（9）若在发送成绩过程中，学生不小心退出了成绩界面，那么此时应该怎么做？在哪里可以找到他的最后一次成绩？

参考答案：询问学生成绩，在得到学生成绩后，在无线模块中找到最后一次成绩。位置：[D] 助理→无线模块→传票算。

（10）已知在最后一次成绩中显示如下内容：

，20，，，，国赛传票 A. TXT，020，0600，20，1，020，1

请描述：上述数据中，每段数据分别代表什么意思？

参考答案：第一段“，20，，”，学号 20。

第二段，“，，国赛传票 A. TXT，”，国赛传票本 A 面。

第三段，“020，”，成绩 20 分。

第四段，“0600，”，用时 600 秒（10 分钟）。

第五段，“20，”，每组 20 题。

第六段，“1，”，跳转方式为随机跳转。

第七段，“020，”，起始页为 20。

第八段，“1”，行次（一）。

（11）目前 T 系列国赛程序的传票算中，最多可显示多少位数字？若计算结果超出显示范围，机器会提示什么内容？

参考答案：最多显示 12 位，超出范围时机器提示“E”。

（12）比赛现场由于学生误操作等原因，计算结果溢出，学生举手示意，你应该怎么帮助学生解决？应该如何继续比赛？

参考答案：提示学生按“PgDn”键，并且需要重新计算本组数据。

（13）若在比赛过程中，有学生举手表示“机器自己退出了程序，与本人操作无关”，你应该如何应对？

参考答案：检查在无线模块中是否有比赛成绩，注意传票本、起始页、行次、用时等数据是否和本次比赛相同，若相同，则基本可说明为学生自己退出，让该学生填写成绩确认单，若学生对此产生异议，应通过裁判组解决此事。

（14）若在比赛过程中，当工作人员走到现场时，学生机器为关机状态，学生表示是机器自动关掉的，请问你该如何合理解决此事？

参考答案：遇到此问题（现象），只能上报裁判组进行处理。

（15）在比赛过程中，有学生举手表示他的键盘按键太软/太硬/太光滑等，要求更换键盘，请问遇到这样的事情时，你应该如何解决？

参考答案：向学生提示，在考试须知中已经提出，除设备故障问题，不予以更换。

（16）比赛过程中，有学生举手表示“键盘上数字按不了”，你该如何解决？若解决后该学生要求重新比赛或补考，请问你应该怎么解决此事？

参考答案：检查“NumLock”键，键盘是否被压，若学生要求补考，向学生解释，此类问题属于学生自己误操作造成的，不能重新比赛或补考。

（17）若学生在确认机器过程中，由于误操作，将背光关闭了，请问你该怎么解决？

参考答案：快捷键“F4”，进入系统设置—背光设置，重新打开。

（18）由于某种原因必须更换主机，如何才能快速完成更换？

参考答案：更换主机时，继续使用原 TF 卡。

（19）哪几种操作可能导致学生误认为是机器死机？至少写出两条。

参考答案：检查键盘灯是否亮着；快速判断是否为“NumLock”键问题；是否由于误操作导致数据溢出。

（20）学生在比赛过程中举手，表示“键盘不好用了”，工作人员检查键盘指示灯不亮，遇到此问题时，你应该如何合理解决？

参考答案：检查键盘和主机连接之间的贴纸是否完好，若完好，只能上报裁判组进行处理。若键盘和主机之间的贴纸已经断开，可向裁判组人员说明情况，工作人员切忌自行随意解决。

（21）比赛过程中，应特别注意的学生的非法操作有哪些？

参考答案：取电池、破坏传票本、拔卡、拔键盘线等。

（22）如果学生在比赛时间到后仍然继续进行比赛，工作人员应该怎么做？

参考答案：结束延迟不能超过 10 秒，结束 10 秒后，将不允许继续输入。如学生继续输入，工作人员有权制止，提醒学生按“Esc”键退出。若学生不听指挥继续输入，则提示学生若继续输入，将以 0 分计。三次提醒后，学生仍不服从，工作人员强制执行。

（23）如果接收成绩后出现成绩没有接收到的情况怎么办？

参考答案：询问学生成绩；进入最后一次成绩核对；若成绩一致，则填写成绩确认单，按“F1”键发送，若成绩不一致，则停止操作，上报裁判组。

（24）在比赛前、中、后，工作人员如何与主持人联系以证明自己负责的部分已经没有问题？都在什么时候进行联系？

参考答案：通过打手势联系。试机时间到；传票整理时间到；成绩接收完毕。

（25）比赛时间到后，学生的正确按键操作依次是什么？

参考答案：按回车键进入成绩界面，按“F1”键发送成绩。

（26）如果在比赛过程中，或者比赛结束时成绩界面提示“文件未找到”或者在无线发送时提示输入学号，此现象有可能是由什么原因引起的？如何处理？

参考答案：可能是 TF 卡异常。解决办法：检查 TF 封口是否完好，无论完好还是已经破碎，都应上报裁判组。

九、新版翰林提学习机

（1）较高端机型：翰林提平板电脑 Pad13 双核 7 寸液晶屏（2013 年）。

（2）最高端机型：易渡移动智能学习终端 8418i 机型（2019 年）。

项目小结

本项目主要介绍翰林提学习机的功能和使用方法，重点介绍了小键盘数字录入的方法等内容。

巩固练习

1. 翰林提国赛机型数字录入敲键练习。
2. 翰林提学习机爱丁九位传票翻打练习。
3. 翰林提学习机爱丁九位传票翻打测试练习。

项目三 币值计算技能

一、币值计算的含义

币值计算即计算人民币不同面值的数量金额，以“元”为单位，并将各面值金额加总，计算出总额，再写出对应的大写金额。

要求：先脑算（心算）出某面值票币数额（直接出数）后再进行累加；尽量不要边乘边加（因为这样速度较慢）。

二、币值计算的基本方法

“一、二、五倍法”是珠算倍数乘法中的方法，就是“以加代乘”，即通过将乘法变成加法来计算。如一个数乘以 2 就用加二倍的方法；若乘以 5，则用折半的方法，即加一个数的一半的十倍；若乘以 9，则用加一个数的十倍再减去一倍的方法。我们将这种方法引入币值计算，因为人民币的票面值正好是一倍、二倍、五倍的规律。

币值计算要求重点掌握二倍法与五倍法（折半法）。

（一）一倍法：以 1 元为基准

（1）1 元：原数×1，即原数本身。

（2）10 元：原数×10，即原数扩大 10 倍（原数加一个 0）。

（3）100 元：原数×100，即原数扩大 100 倍（原数加两个 0）。

（4）1 角：原数×0.1，即原数缩小 10 倍（原数小数点左移一位）。

（5）1 分：原数×0.01，即原数缩小 100 倍（原数小数点左移二位）。

（二）二倍法（双倍法）：以 2 元为基准

（1）2 元：原数×2，即原数 2 倍（原数加倍）。

（2）20 元：原数×20，即原数 2 倍扩大 10 倍（原数 2 倍再加一个 0）。

（3）2 角：原数×0.2，即原数 2 倍再缩小 10 倍（原数 2 倍，小数点左移一位）。

（4）2 分：原数×0.02，即原数 2 倍再缩小 100 倍（原数 2 倍，小数点左移二位）。

（三）五倍法（折半法）：以 5 角（0.5 元）为基准

（1）5 角：原数×0.5，即原数折半（原数÷2）。

（2）5 元：原数×5，即原数折半再扩大 10 倍（原数折半后小数点再右移一位）。

（3）50 元：原数×50，即原数折半再扩大 100 倍（原数折半后小数点再右移二位，或原数先扩大 100 倍后再除以 2）。

（4）5 分：原数×0.05，即原数折半再缩小 10 倍（原数折半后小数点再左移一位）。

折半方法、技巧如下。

1. 偶数（双数）折半方法

（1）十位与个位均为偶数的，每位数直接折半即可。如 86，十位“8”折半为“4”，个位“6”折半为“3”，即 86 折半为 43。

（2）十位为奇数的偶数，如 34、56、78、96 等，其折半为十位数的“几十”折半，再加上个位数折半。

如 34，折半为“17”，即“30”的一半“15”，再加上个位数“4”的一半“2”；

如 56，折半为“28”，即“50”的一半“25”，再加上个位数“6”的一半“3”；

如 78，折半为“39”，即“70”的一半“35”，再加上个位数“8”的一半“4”；

如 96，折半为“48”，即“90”的一半“45”，再加上个位数“6”的一半“3”。

2. 奇数（单数）折半方法

（1）原数－1，折半后再＋0.5，如 37，应 36 折半为 18，再＋0.5，即 18.5。

（2）原数＋1，折半后再－0.5，如 37，应 38 折半为 19，再－0.5，即 18.5。

个位数为“1”的奇数尽量用方法（1）折半。如 41，用 40 的一半“20”再加 0.5，即 20.5。

个位数为“9”的奇数尽量用方法（2）折半。如 39，可 39＋1 后折半为 20，再－0.5，即 19.5。

较难的奇数折半练习：

5 角（0.5 元）基准（原数折半）									
张数	答数	张数	答数	张数	答数	张数	答数	张数	答数
11	5.5	13	6.5	15	7.5	17	8.5	19	9.5
21	10.5	23	11.5	25	12.5	27	13.5	29	14.5
31	15.5	33	16.5	35	17.5	37	18.5	39	19.5
41	20.5	43	21.5	45	22.5	47	23.5	49	24.5
51	25.5	53	26.5	55	27.5	57	28.5	59	29.5
61	30.5	63	31.5	65	32.5	67	33.5	69	34.5
71	35.5	73	36.5	75	37.5	77	38.5	79	39.5
81	40.5	83	41.5	85	42.5	87	43.5	89	44.5
91	45.5	93	46.5	95	47.5	97	48.5	99	49.5

5 元（原数折半再扩大 10 倍）									
张数	答数	张数	答数	张数	答数	张数	答数	张数	答数
11	55	13	65	15	75	17	85	19	95
21	105	23	115	25	125	27	135	29	145
31	155	33	165	35	175	37	185	39	195
41	205	43	215	45	225	47	235	49	245
51	255	53	265	55	275	57	285	59	295
61	305	63	315	65	325	67	335	69	345
71	355	73	365	75	375	77	385	79	395
81	405	83	415	85	425	87	435	89	445
91	455	93	465	95	475	97	485	99	495

50 元（原数折半再扩大 100 倍）									
张数	答数	张数	答数	张数	答数	张数	答数	张数	答数
11	550	13	650	15	750	17	850	19	950
21	1,050	23	1,150	25	1,250	27	1,350	29	1,450
31	1,550	33	1,650	35	1,750	37	1,850	39	1,950
41	2,050	43	2,150	45	2,250	47	2,350	49	2,450
51	2,550	53	2,650	55	2,750	57	2,850	59	2,950
61	3,050	63	3,150	65	3,250	67	3,350	69	3,450
71	3,550	73	3,650	75	3,750	77	3,850	79	3,950
81	4,050	83	4,150	85	4,250	87	4,350	89	4,450
91	4,550	93	4,650	95	4,750	97	4,850	99	4,950

5 分（0.05 元）（原数折半再缩小 10 倍）									
张数	答数	张数	答数	张数	答数	张数	答数	张数	答数
11	0.55	13	0.65	15	0.75	17	0.85	19	0.95
21	1.05	23	1.15	25	1.25	27	1.35	29	1.45
31	1.55	33	1.65	35	1.75	37	1.85	39	1.95
41	2.05	43	2.15	45	2.25	47	2.35	49	2.45
51	2.55	53	2.65	55	2.75	57	2.85	59	2.95
61	3.05	63	3.15	65	3.25	67	3.35	69	3.45
71	3.55	73	3.65	75	3.75	77	3.85	79	3.95
81	4.05	83	4.15	85	4.25	87	4.35	89	4.45
91	4.55	93	4.65	95	4.75	97	4.85	99	4.95

在熟练掌握“一、二、五倍法”的基础上，用左移或右移几位小数点的方法，使脑算出数更加熟练，以形成条件反射，快速计算。

三、币值计算试卷的具体运算方法

要求先脑算出各面值票币数额后再进行累加，不允许边乘边加。财会综合计算技能比赛中的票币计算试题如下。

财会综合计算技能比赛——票币计算试题（1）

考号________ 答题________ 对题________ 错题________ 分数________ 初评________

复核________ 比赛时间：15 分钟

序号	100元	50元	20元	10元	5元	2元	1元	5角	2角	1角	5分	2分	1分	金额（元）	大写金额（元）	序号
1	12	65	24	71	25	17	26	68	47	36	55	85	75	5,877.20	人民币伍仟捌佰柒拾柒元贰角整	1
2	35	23	65	42	47	92	26	97	51	13	36	92	63	6,879.27	人民币	2
3	76	82	18	35	57	43	24	58	56	21	67	41	78		人民币	4
4	72	28	85	16	69	75	46	29	51	15	34	52	53		人民币	4
5	52	26	34	16	27	19	52	12	53	21	27	31	25		人民币	5
6	36	42	53	24	25	23	45	24	35	45	85	24	13		人民币	6
7	54	51	13	34	53	78	51	14	41	82	67	85	14		人民币	7
8	36	12	34	63	36	82	15	45	69	24	43	32	63		人民币	8
9	12	35	24	33	75	34	25	18	69	76	28	27	61		人民币	9
10	57	43	68	64	42	49	66	34	47	74	27	23	54		人民币	10
11	64	77	68	45	19	67	43	24	64	19	46	23	21		人民币	11
12	35	68	43	46	59	23	53	34	65	46	12	23	54		人民币	12
13	45	56	67	86	45	32	56	43	68	25	23	62	28		人民币	13
14	78	67	21	23	44	13	15	31	96	81	67	14	35		人民币	14
15	76	52	82	21	25	34	27	57	45	32	25	45	29		人民币	15

方法举例：如上述第一题，先脑算出各面值票币数额后再进行累加，即 1,200＋3,250＋480＋710＋125＋34＋26＋34＋9.4＋3.6＋2.75＋1.7＋0.75，最后敲“＝”键，即得出最终金额合计数为：¥5,877.20。大写金额为：人民币伍仟捌佰柒拾柒元贰角整（正）。

想一想：币值计算除了脑算出数累加的方法（“一、二、五倍法”）以外，用计算器计算时还可有哪些方法？

你知道吗?

在计算器上敲零点几的小数时，可省略“0”，敲键的时候只敲“点几几”，如0.55可只敲“.55”即可，又如0.50可只敲“.5”即可，而不用敲“0.50”。应注意，一定要将计算器的保留小数点键的位置放在“+2”或“F”的位置。

项目小结

本项目主要介绍币值计算的基本方法：“一、二、五倍法”，重点要求掌握二倍法（双倍法）与五倍法（折半法）。

巩固练习

1. 二倍法、五倍法（折半法）脑算出数练习。
2. 币值计算脑算（心算）出数练习。
3. 币值计算试卷练习（计算工具可用计算器，也可用算盘，要求做到脑算出数后再进行累加）。

财会综合计算技能比赛——票币计算试题（1）

考号________　答题________　对题________　错题________　分数________　初评________

复核________　比赛时间：15 分钟

序号	100元	50元	20元	10元	5元	2元	1元	5角	2角	1角	5分	2分	1分	金额（元）	大写金额（元）	序号
1	31	57	29	35	31	55	34	23	37	28	27	39	44		人民币	1
2	26	79	26	26	67	39	32	59	29	55	29	95	58		人民币	2
3	18	49	13	24	29	79	54	37	59	34	21	29	69		人民币	3
4	22	39	63	22	69	47	52	67	49	19	37	78	45		人民币	4
5	19	29	31	25	41	57	87	79	57	45	55	19	37		人民币	5
6	23	35	59	28	43	99	56	91	27	48	21	49	68		人民币	6
7	45	59	59	25	47	67	21	57	69	52	53	97	33		人民币	7
8	28	97	46	36	59	53	12	49	39	61	35	77	34		人民币	8
9	16	69	78	32	89	49	33	47	89	18	73	69	28		人民币	9
10	26	55	79	42	49	37	22	35	67	24	87	91	59		人民币	10
11	31	71	57	29	37	68	25	45	77	99	49	59	46		人民币	11
12	42	83	49	87	99	69	41	93	45	41	95	79	26		人民币	12
13	45	81	77	18	35	87	18	73	79	26	41	55	37		人民币	13
14	25	33	55	41	45	19	56	77	99	32	67	67	23		人民币	14
15	51	85	57	19	75	59	78	97	87	36	89	59	28		人民币	15

财会综合计算技能比赛——票币计算试题（2）

考号________ 答题________ 对题________ 错题________ 分数________ 初评________

复核________ 比赛时间：15 分钟

序号	100元	50元	20元	10元	5元	2元	1元	5角	2角	1角	5分	2分	1分	金额（元）	大写金额（元）	序号
1	59	67	33	25	17	21	34	29	47	39	19	39	52		人民币	1
2	47	29	26	51	79	47	38	59	19	32	29	24	58		人民币	2
3	56	77	22	55	55	79	54	37	58	34	41	33	57		人民币	3
4	28	39	61	31	69	37	48	67	39	55	39	78	45		人民币	4
5	19	27	31	18	31	57	87	79	57	78	57	26	37		人民币	5
6	28	45	49	45	39	79	92	81	37	64	15	59	76		人民币	6
7	94	31	17	25	41	55	18	77	69	45	51	87	53		人民币	7
8	31	97	47	29	65	39	36	49	29	56	35	29	43		人民币	8
9	51	19	59	26	89	93	21	99	77	24	59	69	28		人民币	9
10	22	53	63	12	19	29	41	35	67	22	87	89	33		人民币	10
11	13	17	21	41	57	19	42	57	49	45	79	19	74		人民币	11
12	22	33	37	26	59	59	64	73	45	26	65	79	31		人民币	12
13	57	41	77	23	29	99	24	45	79	49	37	65	56		人民币	13
14	17	43	37	46	55	29	81	87	59	32	67	79	32		人民币	14
15	29	49	47	51	49	69	78	47	79	36	27	97	42		人民币	15

京津冀职业院校财会综合技能 票币计算 试题 1

班级： 姓名： 学号： 计算： 对题： 分数：

序号	100元	50元	20元	10元	5元	2元	1元	5角	2角	1角	5分	2分	1分	金额（元）
1	68	47	85	23	31	76	53	97	14	29	32	65	82	
2	53	92	62	48	25	82	61	16	43	84	78	31	67	
3	75	83	25	33	85	61	42	79	52	35	92	46	13	
4	61	58	16	67	24	39	25	82	37	62	43	79	82	
5	17	81	58	47	69	75	79	21	83	92	53	25	38	
6	23	67	36	81	18	63	26	36	47	18	66	82	53	
7	15	93	41	93	21	27	32	58	61	24	86	53	74	
8	87	15	57	31	63	79	86	25	47	72	14	96	73	
9	91	52	41	51	81	45	17	75	63	86	28	52	34	
10	32	63	42	75	96	58	24	46	92	77	64	39	17	
11	73	49	86	14	63	34	82	36	21	19	52	62	41	
12	32	85	29	57	42	71	25	31	42	34	46	93	63	
13	75	61	71	46	36	96	47	28	51	72	34	54	15	
14	46	17	96	39	67	13	24	45	86	26	59	87	78	
15	12	81	52	26	92	27	68	46	24	85	94	53	39	
16	63	15	21	13	45	82	44	76	47	19	64	81	62	
17	81	94	47	52	83	26	85	32	73	23	14	45	29	
18	15	36	67	34	52	31	24	85	32	27	49	67	23	
19	23	63	38	82	75	46	91	15	48	54	21	18	49	
20	37	18	95	56	43	28	82	64	39	97	76	25	68	

京津冀职业院校财会综合技能 票币计算 试题 2

班级：　　　　姓名：　　　　学号：　　　　计算：　　　　对题：　　　　分数：

序号	100 元	50 元	20 元	10 元	5 元	2 元	1 元	5 角	2 角	1 角	5 分	2 分	1 分	金额（元）
1	27	83	32	87	19	54	35	34	47	65	43	78	54	
2	59	64	75	12	45	67	43	84	23	42	54	36	65	
3	42	57	68	57	61	35	17	53	69	73	81	24	48	
4	81	45	21	23	41	15	78	69	34	42	56	73	13	
5	76	28	65	53	76	23	51	32	45	54	37	12	67	
6	54	43	28	19	26	72	48	57	87	93	62	48	16	
7	42	81	52	26	94	34	63	23	36	47	18	76	42	
8	36	46	15	95	39	76	24	85	58	61	34	68	53	
9	51	85	23	37	42	36	65	19	75	86	62	28	34	
10	23	64	92	46	71	24	58	35	63	14	73	86	32	
11	39	23	47	75	96	57	34	82	36	21	19	52	67	
12	73	19	75	52	81	56	71	25	31	42	32	46	23	
13	15	87	47	31	63	21	96	47	25	51	72	34	54	
14	41	15	31	93	24	59	13	24	54	87	62	36	95	
15	26	67	37	81	18	42	27	68	46	24	85	92	53	
16	47	38	69	58	47	75	12	79	21	92	53	73	25	
17	72	52	58	67	24	37	96	25	47	65	79	61	37	
18	13	61	46	75	52	35	92	46	85	31	65	23	39	
19	74	53	92	32	48	25	84	61	17	82	58	31	67	
20	26	58	41	23	31	76	53	93	18	29	32	65	79	

参考文献

1. 林迎春，张红玲，赵杰．会计基本技能．2 版．大连：东北财经大学出版社，2020.
2. 姜燕，徐振发，刘巍．新编会计基本技能．3 版．北京：电子工业出版社，2019.
3. 高杉．会计基本技能．2 版．上海：立信会计出版社，2019.
4. 史春光．会计基本技能．2 版．北京：中国劳动社会保障出版社，2018.
5. 侯雁，汪莉莉．珠算与点钞．3 版．大连：东北财经大学出版社，2017.
6. 曹慧．珠算与点钞．3 版．北京：科学出版社，2016.
7. 刘芹英，王家申．财会岗位基本技能．2 版．北京：机械工业出版社，2013.
8. 刘太安．珠算与点钞．3 版．北京：中国财政经济出版社，2011.
9. 孙明德，卢云峰．会计基本技能．2 版．北京：高等教育出版社，2009.
10. 崔栋．珠算与点钞．2 版．北京：高等教育出版社，2009.

附录一 《全国珠算技术等级鉴定标准》简要说明

全国珠算技术等级鉴定标准分为普通级与能手级两大类，各六个级别，共十二个级别。

能手级鉴定实行一套题按完成题数确定六个级别。各项各级要求打对题数见下表（注：加、减计算限时 10 分钟，乘、除计算各限时 5 分钟，共限时 20 分钟）。

等级	一级	二级	三级	四级	五级	六级
加减算	18	16	14	12	10	8
乘除算	18	16	14	12	11	10

注：若乘、除计算各限时 10 分钟，则乘除题量加倍。

普通级鉴定分为六个级别，可采用六套题，各项各级要求打对题数见下表（注：加、减计算限时 10 分钟，乘、除计算各限时 5 分钟，共限时 20 分钟）。

等级	一级	二级	三级	四级	五级	六级
加减算	9	9	8	8	8	8
乘除算	9	9	8	8	8	8

注：若乘、除计算各限时 10 分钟，则乘除题量加倍。

普通级鉴定六个级别，可采用两套题，各项各级要求打对题数见下表（注：加、减计算限时 10 分钟，乘、除计算各限时 5 分钟，共限时 20 分钟）。

等级	一级	二级	三级	四级	五级	六级
加减算	9	8	6	8	7	6
乘除算	9	8	6	8	7	6

注：用普通一级题考核一、二、三级，用普通四级题考核四、五、六级。

附录二 《全国珠算技术等级鉴定》（普通级）综合试卷

全国珠算技术等级鉴定普通五级综合练习卷 1

班级：　　　　姓名：　　　　学号：　　　　成绩：

一、加减算

一	二	三	四	五
2,846	2,038	9,018	8,896	9,046
901	946	921	324	382
7,025	5,617	7,637	7,085	8,245
153	370	375	−267	−397
479	815	826	6,381	2,324
3,821	5,934	5,961	456	417
374	768	878	758	−856
1,659	413	563	9,844	9,274
508	2,547	2,587	−696	632
790	689	763	708	501
3,561	305	415	−3,524	−4,584
893	9,263	9,235	632	726
4,028	102	529	−4,018	−5,248
164	719	384	486	887
6,027	428	597	−3,087	−2,096

六	七	八	九	十
3,827	7,098	9,213	5,760	7,563
451	946	951	389	269
5,025	6,437	6,037	7,125	8,245
453	370	346	−328	−429
679	815	756	9,374	2,426
2,822	8,925	6,961	527	437
574	768	478	926	806
1,459	523	863	7,264	8,134
708	8,527	4,587	−675	−842
992	709	663	203	501
3,545	465	515	−5,324	−4,774
803	9,383	8,265	426	726
6,028	403	547	−6,218	−5,988
464	3,289	1,486	807	887
7,097	798	895	−1,086	−2,076

二、乘除算（要求保留两位小数，以下四舍五入）

一	14×652=	一	5,606÷306=
二	4,908×52=	二	9,152÷24=
三	592×48=	三	40.17÷41=
四	0.625×1.03=	四	8,715÷105=
五	314×756=	五	9,424÷32=
六	27×8,409=	六	2,052÷57=
七	863×29=	七	37,228÷908=
八	1.46×0.967=	八	6,164÷67=
九	76×342=	九	1,245÷83=
十	907×83=	十	16.15÷7.9=

全国珠算技术等级鉴定普通五级综合练习卷 2

班级： 姓名： 学号： 成绩：

一、加减算

一	二	三	四	五
3,927	2,049	4,018	7,996	7,896
851	946	911	434	422
8,025	5,617	8,637	8,087	9,268
153	372	345	−259	−397
1,479	815	832	6,381	1,324
821	5,946	5,961	656	417
2,374	797	678	958	−876
659	453	463	9,825	9,264
4,508	2,687	2,597	−677	652
723	624	783	648	701
3,421	305	435	−3,364	−4,684
836	9,363	9,135	832	927
6,058	402	429	−4,019	−5,449
263	879	784	786	687
7,089	618	1,097	−6,057	−2,058

续表

六	七	八	九	十
2,897	7,092	5,213	4,726	8,563
453	976	921	389	269
5,028	6,492	7,037	9,145	9,245
455	570	446	−386	−469
672	824	856	9,374	4,426
823	8,925	8,961	507	537
674	768	528	925	806
859	623	763	7,364	9,134
701	8,557	4,597	−675	−845
972	809	463	403	501
3,645	465	415	−5,624	−3,724
801	9,783	8,265	427	706
7,028	603	547	−6,518	−5,928
474	769	2,486	707	985
8,092	268	795	−1,289	−3,026

二、乘除算（要求保留两位小数，以下四舍五入）

一	14×625＝	一	5,382÷69＝
二	4,908×25＝	二	24,794÷506＝
三	592×84＝	三	150.4748÷28＝
四	0.625×2.04＝	四	13,860÷165＝
五	314×765＝	五	9,424÷64＝
六	72×8,409＝	六	1,410÷94＝
七	863×49＝	七	38,475÷95＝
八	1.46×0.978＝	八	34,638÷69＝
九	76×356＝	九	1,836÷51＝
十	907×86＝	十	53.2834÷18＝